JN320684

［増補版］

北海道の青春

——北大80年の歩みとBBAの40年——

北大ＢＢＡ会／能勢之彦 編

はる書房

再復刊に際して

北海道大学医学部付属病院創立七十五周年記念式典が行なわれたのは平成九年（一九九七年）二月のことであった。この式典にあたり、私は当時の付属病院長阿部弘教授と斉藤和雄医学部長から、記念講演「夢達成への長い道―人工臓器への挑戦―」を行なってほしいとの要請を受けた。

記念式典の当日、たくさんの先輩や同輩、そして後輩たちに出会うことができた。その中に、教養学部で同じクラスだった丹保憲仁教授（現・北海道大学総長）や、一期先輩の広重力前北海道大学総長の姿も見つけられた。四十年以上昔、学生だった頃のことを懐かしく思い出した。また、大田すみ子総婦長をはじめ、当時、憧れていた看護婦の皆さんたちとも再会を果たすことができた。

その時に、私が医学部学生の時に書いた北大の八十年史、『北海道の青春』の話がたまたま出、私の記念講演を追加して再出版したらどうかとの意見を多くの方々からいただいた。大学卒業後も〝クラーク精神〟を忘れず、四十年間ずっと世界を舞台に活躍を続ける一人の男の物語を『北海道の青春』のひとつの実話として付け加えられれば、というありがたい提案である。そうすればまた、〝北大のクラーク精神〟とは何なのかがより具体的にわかるはずだというのが大方の考えであったのである。

『北海道の青春』は今より四十年前、北大八十年記念誌として当時ＢＢＡ（Boys, Be Ambitious）会の代表の私が編集したものであった。その二十年後、北大百周年記念誌として、再び北大図書刊行会より発行しているが、現在は絶版になっている本である。幸い、はる書房の佐久間章仁氏がこの話を快く引き受けてくれた。しかし、二年前の記念講演は原著の第三編にそのままつながるような内容ではなかったので、第四編/第一章と第二章の始めの部分をあらたに書き下ろした。第二章「第二節　夢達成にかけた一人の卒業生」以降は、記念講演の要旨をまとめたものである。また、出版社の許可を得て、私が編集した『世界のベスト医療をつくる』(はる書房、一九九九年刊)より一部抜粋した。本書の主旨がよりわかりやすいものになると考えたからである。

最後に、この二年間、出版を心待ちにしてくださった方々に感謝申し上げたい。大変お待たせする結果になってしまったにもかかわらず、大変喜んでいただけたことを嬉しく思う。

なお、「第四編」の執筆に当たっては様々な方たちのご協力をいただいた。とりわけ北大工学部助教授の村林俊博士(ベイラー医科大学客員教授)、北大法学部教授の能勢弘之博士には、原稿に目を通していただいたうえに資料などを集めていただいた。また、妻・亜子の助言もありがたいものであった。秘書の山岡佐知子氏には何度も原稿を清書し直していただいた。この場を借りて感謝申し上げる次第である。

一九九九年ヒューストンにて

ベイラー医科大学外科学永代教授　能勢之彦

追記　なお、本書は昭和五十一年に北大図書刊行会より『北海道の青春』(第二版、第一版は昭和三十一年発行)と題して刊行されたものをもとに、出版したものであります。

復刊にあたって

北海道大学図書刊行会より吾々が二十年前に作った小著『北海道の青春―北大八十年の歩み』を再出版したいという意向を受けとりました。

最初は多分百周年に出版するにはいろいろの面で古いのではないかと思い、送っていただいたコピーを再読してみました。読みかえしながら、二十年前BBA会の会員諸君と夜を徹して議論をしながらこの本を編集していた時の若かった未熟なしかし純粋なひたむきな熱意を文章より強く感じました。いろいろな点で不備な小著ですが、当時吾々が達成しようとしたスピリットは今もって変っていないと小生は信じています。この小著が何らかの意味で百年目を迎える北海道大学に関係のある皆様に考える材料を提供出来るなら幸甚の至りです。

私事で恐縮な話ですが、考えてみますと小生の恩師三上二郎北大医学部第一外科教授・先輩・友人・後輩及び家族に送られて札幌を発ち、アメリカに来て既に十四年の年月が経ちました。その間一人でゼロからスタートした小生をどうにか支えていたものは、この小著に書かれている「北海道大学ではぐくまれたもの」以外の何ものでもありません。

小生が達成しようとしている夢は「人体の持っている機能を吾々の手で再建し、それを医学の治療に応用しよう」というものです。北大の先輩の皆様がそれぞれの分野で達成したように、小生もこの夢を達成するつもりです。各個人がそれぞれ違った分野で、それぞれ理解している意味で Lofty Ambition を達成するように努力しつづけることが、吾々北大に関係あるものの運命であり、BBA会の目標であったはずです。小生が誇りに思っているのはたくさんの先輩・同輩・後輩がそうであったように、この小著に書かれているスピリットを今もって小生も持ち続けているということです。

北海道大学のますますの発展を祈っております。

一九七六年六月二十三日

能勢之彦
クリーブランド・クリニック人工臓器部長
ケースウェスタン大学生体工学教授

追記

なお本書は昭和三十一年、『北海道の青春―北大八十年の歩み』と題して東京創元社より出版され、版を重ねたものです。今回の復刊にあたり、初版本の使用を快く認めて下さった東京創元社に対し厚く御礼申し上げます。

To members of the B. B. A. Association, to students and graduates of the Hokkaido University, my warmest greetings and best wishes as we together approach the 80th anniversity of the University's founding. To you I address this message of friendship and congratulation on the very day (July 1) when eighty years ago my grandfather first set foot in Japan. It was only six weeks later, August 14th, 1876 that he opened the college at Sapporo with an eloquent appeal to the students of the first class:

> "Let every one of you young gentlemen strive to prepare himself for the highest position on labor and trust and consequent honor in your native land, which greatly needs your most faithful service."

You can see that this opening exhortation strikes the same note of feeling as he expressed in his famous phrase of farewell at Shimamatsu: "Boys, be ambitious."

My grandfather asserted in his first presidential report that "a country is nothing without men." And, of course, he meant by "men" citizens of learning, vision, and vigor, such as General Kuroda, whom he deeply admired. While at Sapporo, President Clark read the sayings of Confucius, and recorded in his diary the one which he liked best: "Knowledge, magnanimity, and energy—these three are the virtues universally binding." These three qualities in Clark Sensei produced the "power" which profoundly impressed his fifteen pupils and gave them their extraordinary faith in him; so Tanouchi, one of the fifteen, makes clear in his parting letter, written on their behalf in April, 1877. The beloved teacher instilled into that pioneer class the all-important lesson that the good man lives his life with adventurousness and aspiration, and the first class passed this lesson on to their successors so well that a spiritual tradition, unique in all Jappan, grew up in the young Hokkaido University. Tanouchi's farewell expressed perfectly the strength, the determination, the idealism which those early students caught from my grandfather:

> "All people think that our college is very poor; yet we are like the house which a wise man built upon a rock, so at length our fame will spread throughout the whole empire, and at last will reach the other side of the globe."

This is the heritage to which, I hope, the B. B. A. Association dedicates itself on this eightieth anniversary. To its influence I wish godspeed.

William S. Clark, II

序言

Ｂ・Ｂ・Ａ会の皆さん。北海道大学の学生、先輩の皆さん。北海道大学設立八十周年のお慶びを心から申しあげます。私はこの友情と祝賀の手紙を、祖父が八十年前初めて日本に足跡を印した正にその日――七月一日――にしたためております。

彼が第一期の学生をして、感銘置くあたわざる開校の辞をもって、札幌農学校を開いたのは、それからわずか六週後の一八七六年八月十四日のことでありました。

〃若きジェントルマン諸君！　諸君の誠実なる尽力を絶えず必要として居る諸君の祖国に於て、諸君は労働と信頼と、その結果与えられる名誉の為に努めて欲しいと思います〃

この開校の辞は彼の有名な島松の別れの辞、ボーイズ・ビー・アンビシャスにいわんとしているものと同じもののように思われるでしょう。私の祖父はその校長としての第一年報に「人なくして国なし」と強くいい切りました。勿論ここでいう「人」とは学問、理想、活動力を兼ねそなえた市民――例えば祖父の深く尊敬して止まなかった黒田長官の如き人物――を意味しています。

在札中のクラーク校長は孔子の書を読みその日記に彼の最も好んだ一句「智識、豪放、熱意――この三つは普遍的に結びつく徳である」をしるしています。クラーク先生のこの三つの特質がその十五名の学生に非常な感銘を与え、異常なまでに先生を信頼させた源となったものである、と十五名の学生の一人田内（捨六）が代表して一八七七年四月、お別れの手紙の中に明記しております。そうしてこの皆から敬愛された教師は、このパイオニアのクラスの学生に〝よき市民が勇気と抱負に燃えて生活して行く〟に不可欠なる教訓を浸透させました。このクラスの者は後輩にこの教えを立派に伝え、かくして日本に於てユニークな精神的伝統が幼い北海道大学に育って行ったのです。

田内の別辞はこの初期の学生が私の祖父より得た〝力強さ〟〝決意〟〝理想〟を次の様に完全にいい表しています。

〝皆、私達の農学校を大変貧弱に考えています。しかし私達の学校は賢者が岩の上に建てた家の様なものですから、何時か私達の名声は国内にひろくひろがるでありましょう。そうして遂には地球の果までもその名声はとどくでありましょう〟

私はB・B・A会が八十周年記念にその活動を捧げるのは、この意図の相続であっていただきたいと希望しております。

その影響の下に幸多からんことを

ウイリヤム　S　クラーク二世

序

わが北海道大学は、本年を以って創基八十周年を迎えるのであるが、この時にあたり、故クラーク博士を敬慕する学生諸君（ＢＢＡ会）が、学生の立場から北大八十年の歩みを編纂、ここにその刊行を見るに至ったことは欣びにたえない。

人間の陶冶に最も意を注ぎ、親しく身をもって青年を指導誘掖せられたクラーク博士によりまかれた種子が、すぐれた多数の先輩により培われ来った本学の意志が今後何れを指向すべきかを考える多くの資料を提供するものと思われる。

本書はもとより本学の歴史として見る時、或は完全なものとは言い難い面もあろうが、学生が自主的に学業のかたわら、幾多の困難を克服して完成した力作であり、その努力に対し敬意を表したい。

世の多くの人々にひろく味読されることを期待して一言序とする。

北海道大学長　杉野目晴貞

目次

第四編　夢達成への長い道

序編　はしがきに代えて

北海道大学の学生のあいだに「ボーイズ・ビー・アンビシャスの運動」という変った名の学生運動が起ったのは、昭和三十年の春のことであった。

「ボーイズ・ビー・アンビシャス！」（若者よ、大志あれ！）これは明治十年四月十六日、札幌農学校教頭クラーク先生が学校を去るにあたり、教え子たちに与えた餞のことばである。広く知られてはいるが、しかし、遠い昔のこの一句がなぜ、再びこと新しく持ち出され、そしてまた「ビー・アンビシャス」と訴えなければならないか。それには次のような事情がある。

新制大学の制度は、各大学と学生の持つ多くの特徴を失わせた。国立大学の学生にすべて同一の角帽をかぶせたというような外面的な問題ではない。単位を中心とした機械的、劃一的な機構は、各大学の伝統や特色を急速に払拭した。少くともしつつあるといえる。大講堂での大量生産的なマイク講義においては、学生と教授との人間的、個人的結びつきがなく、人間的充実をはかり、同時に精神的にも豊かなものにするような機会に恵まれることが少いのは当然である。

全部の教師がそうだとはいえないが、教師もそのような機械的な、単位中心の機構に適応して、ノートの棒読みで知識の切り売りをするようなことになる。学生も功利的に打算的な行動をとりがちになり、大学を就職のための単なる手段のように考えることにもなりかねない。

直接的には日経連声明以来、あれほどまで吹きまくった学生運動のあらしも、今はその名残りさえない。多くの学生は学術優秀、思想穏健、品行方正のレッテル大事さに、正当な社会的関心も押えて、少しでも有利なようにと、せせこましく単位を追い回す。そしていい意味での青春とか、若さを見失い、目先だけの功利主義にとりつかれ、いやでも一種の〝ずるさ〟を身につけて行く。これが現代学生気風である。

「いまの学生は、現実主義だ」といわれる。それは「大学生はすでに立派な社会人であり、独立した紳士である」といった見方のひとつのあらわれであろう。

現代の学生は理想の火を燃すよりも、一人一人が社会人としての道を歩むことに忙しいというわけである。今から八十年前、あらゆる校則を廃して、ただ「ビー・ジェントルマン」と、クラーク先生にいわれ、それを見事に実践した当時の〝紳士〟と、もはや同じ意味で〝紳士〟とはいえないような現代の〝紳士〟もいるのではなかろうか。この問題を解く鍵はコネクションとか、思想問題とかの複雑なカラクリで就職が決定されるようなまた、学生がアルバイトをしなければやっていかれないような現代社会の根底に求めなくてはならないだろう。

しかし、だからといって現実から逃避したり、いたずらに不安や焦躁のうちに過すのは無意味である。学生は現実を直視し、この激しいマスコミの流れに抗して自己を失わぬ努力が必要である。それでなければ、なんらかの形で、〝暗い谷間〟に追いこまれた、二十年前の世代の苦い経験を、ふたたびくり返すことになろう。このことは、学生一人一人の問題としてとり上げ、批判や反省をし、さらに積極的に実践的な努力をする以外には、解決の道はない。そのための一つの方法として過去の学生の考え方や、その経験をみて現在と比較してみたり、教授や先輩との接触を通して人間的成長をはかったり、相互に接触してアンビションを語り合いはげましあいさらに学生生活をより有意義に、より充実したものにする共通の場を持とう——そのような要請にもとずいてB・B・A会が誕生し「ボーイズ・ビー・アンビシャスの運動」となって展開されたのである。

「ボーイズ・ビー・アンビシャス」は、アンビション（野心）の持つ意味から、ともすれば立身出世とか、大金持になることといった世俗的方向に考えられやすい。しかし少くともクラーク博士に、「ビー・アンビシャス」と直接呼びかけられた札幌農学校の第一期生をはじめ、それ以後の北大生の多くは、そのような意味にはとらなかった。

もちろん、時代の流れの変化に伴って、「アンビション」は異った形であらわれたが、いずれもクラーク博士が開校演説の中に示された「ロフティ・アンビション」（高遠な大望）の意味に理解し実践しているのである。

校門を出た多くの者は、辺境の無名のパイオニア（開拓者）として、一生を捧げた。また、別の分野に進んだ者にしてもそれぞれの分野において、それぞれの「ロフティ・アンビション」の実現に努力したのである。「ボーイズ・ビー・アンビシャス」と、クラーク博士の膝下につちかわれた「自由、独立、大志」の気風、「ビー・チェントルマン」のモラルこそ、これらの人びとの精神的な糧であり、杖であった。

石狩平野の夕日に映える白い壁、うっそうとしげるエルムの木かげ、緑の芝生をめぐって流れる小川、そこに八十年の歴史を秘めて、クラーク博士の胸像があり、今もなお同じことばを叫びかけている。だが当時二・三千であった札幌の人口が約三十万になり、二十四名の学生は約五千とふえた。また学園は法律、経済、文学、教育、農学、医学、工学、理学、獣医、水産の十学部と、さらに多くの研究所を併せて有する名実兼備の総合大学と発展した。われわれは時の流れを無視して、かつての平和で牧歌的な学生生活を夢み、伝統の復活を叫ぶのではない。先輩の抱いたアンビションの一つ一つの跡をたどるとき、そこに、われわれには欠けている貴重な何ものかがあることに気がつく。そしてまた、そこに無言の警告も感じるのである。

現代の若い世代が、現代的な意味での「大志」を抱き、その実現に向って建設的な努力をすることが、今こそ必要なのではなかろうか。この書が幾らかでもそのようなきっかけとなり得たら幸いである。

編纂に当っては、クラーク博士を中心として「自由、独立、大志」の気風に満ちた農学校時代の「第一編」、「都ぞ弥生」の寮歌とともにロマンチシズムにふけった帝国大学完成時代の「第二編」、時代の流れに押し流された昭和期をあつかった「第三編」と、それぞれ時代の風潮を失わぬよう心がけた積りである。

この一書は歴史などに関係の少いいくらかの学生の手で、三十年の九月から十カ月間の比較的短期間に資料を集め、編集されたものである。編集費については先輩、教授らの親切な申出でも謝絶して、学生だけの手で用意しすべてを学生の手でという方針をとった。資金カンパとして映画会が開かれ、不足分は会員生の寄付によっておぎなった。

なお、この書からの利潤は北大八十周年記念学生会館設立費に捧げるつもりである。

第一編　クラーク博士とその弟子たち

——札幌農学校時代——

一八七二（明治五）	開拓使仮学校成る（東京）	学制頒布（義務教育制定）
一八七三		キリスト教信仰を解放
一八七五	札幌学校（札幌）	
一八七六	札幌農学校成る	東京大学成る
一八七八（明一一）	開拓使勧業課温室及びその附属地所属（今の植物園） 演武場竣工（時計台）	
一八八一（明一四）	札幌独立教会成る 開拓使廃止となる	
一八八六（明一九）	北海道庁の管轄となる 札幌農学校官制発布	内閣官制制定
一八八八（明二一）	農業伝修科（農学実科の前身）の設置	教育勅語発布
一八九四	佐藤昌介校長となる	日清戦争勃発
一八九五（明二八）	農場（第一、二、三、四、七農場）設置	日清講和成る 三国干渉
一八九六	予修科（予科前身）設置	
一八九九（明三二）	森林科（林学実科の前身）設置	
一九〇一（明三四）	遊戯会及び学芸会の合流によって文武会の創設	
一九〇三	新校舎に移転	
一九〇五（明三八）	寄宿舎の移転 予修科を大学予科と改称する	日露戦争
一九〇七（明四〇）	札幌農学校を東北帝国大学農科大学と改める	

第一章　クラーク博士と「ボーイズ・ビー・アンビシャス」

一　札幌農学校の設立

北海道大学の前身

わが国の官学アカデミーの中でも異彩を放ち〝エルムの学園〟として全国にその名を知られる北海道大学は、まだ明治維新の騒乱のさめきらない明治五年（一八七二年）四月に、東京の芝増上寺境内に設置された開拓使仮学校からはじまった。

わが国が封建時代の長い眠りから覚めて、近代資本主義国家へ脱皮しようとした時、新しい政治の推進力となる知識階級はまだ豊かに育ってはいなかった。そこで優秀な技術者あるいは知識人の育成が、時の藩閥政府の課題になった。官学では徳川幕府時代から続いた昌平黌を改めた大学本校、その外、大学南校（開成学校）、大学東校、私学では福沢諭吉の手による慶応義塾、大隈重信の手による東京専門学校、新島襄の同志社などが、かつてわが文教史上にみられない豊かさと、賑やかさをもって設立された。しかし開拓使仮学校の設立された動機はこれらの諸学校とは少し趣きを異にしていたのである。

北海道開拓と黒田長官

当時、蝦夷の名のもとに異国視されていた北海道は、ほとんど未開拓のままに放置されていたが、藩閥政府の国策としていた経済開発のひとつの方向は、北海道開拓に向けられた。そのため政府は明治二年開拓使を置き、中納言議定鍋島真正を蝦夷開拓総督に任じ、改めて同年八月に東久世通禧を開拓長官に任じた。だが、北海道開拓の事実上の尽力者は明治三年任命された黒田清隆（次官後に長官）であった。

彼は北海道の大規模な開発計画を遂行するために、旧来の開拓方式を捨てアメリカの農業開発に範を求めて渡米した。当時のアメリカは独立後、ようやく百年を経たばかりで、ミシシッピ州以西の大部分は未開発の状態でアメリカ自体がまだ開発途上にあったが、その活気に充ちた開拓状況に接して、大いに励まされるものがあり、開拓に経験のある人物を招聘しようとして、時の大統領グラントに面会し、彼の好意によって、アメリカ農務局長ホーレス・ケプロンほか三名を開拓使顧問に迎えた。

帰国後、黒田長官はケプロンの助言にもとずいて、当時としては予想以上の経費をかけ、科学的・組織的に開発を推進した。かくて黒田長官の招聘した外国人は、全部で七十五名にもおよび、その内四十五名はアメリカ人であった。

しかし、彼の功績はそれだけでなかった。渡米前から開拓事業を推進するためには、その指導者、あるいは優秀な技術者が必要であると痛感していた彼は右大臣三条実美の許可を得て、開拓使留学生として山川健次郎（後の東京帝国大学総長）ほか六名を率いて渡米した。帰国後、さらにその当時としては型破りな女子留学生を渡米させた。資料によって年令は異なっているが、八歳から十五歳の少女五名を選び、開拓使庁の費用で留学させたのである。彼女たちのなかには山川捨松（後の大山巖夫人）、永井繁（後の瓜生外吉夫人）、津田梅子（津田女子英学塾創始者）が含まれている。欧米文化の息吹きに接した黒田長官は、教育の面でも先覚者であったわけで、女子留学の必要を説いた理論は「開拓事業達成の為にはとにかく人材が必要である。この人材を得るにはまず、子供から教育しなければならぬ。このために教養のある女子が必要である。女学校を興して以て人材養成の根本を打立てねばならぬ。特に本道の開拓にはこの事が急務である故に、幼稚な子女をえらんで欧米に留学させるのである。」というのである。

これからでも、黒田長官の教育に対する熱の入れ方をうかがうことができるが、その当時の女子教育の必要さを説いた思想啓蒙家福沢諭吉と比較するのも面白い。だが、黒田長官の考え方は進歩的ではあったが、実利的な考え方に基ずいた政治家的臭みをぬぐいさる事はできない。

開拓使仮学校　先に黒田長官を中心にして、札幌に人材教育の学校を創立しようとする機運が高められていたが、ケプロンから黒田長官のもとに提出した第一年報中には、次のようにのべて学校設立を奨めている。

「開拓使は科学的・組織的にしてかつ実用的なる農業を起すが為に全力を傾注せざるべからず。この目的を達するには、東京及び札幌の官園に連結して学校を設け、その内に於て農学の重要なる総ての部門を教授するを以て、最も有効にして経済的なる方法とす。」と。

アメリカから種々の農機具、種子を輸入したところで、これを駆使する人材が無ければ役にたたず、また何時までも外人技術者の世話になっているわけにもいかない。拓殖事業成功の源は、その指導的人物の養成にあると痛感していた黒田長官は、ケプロンの意見を率直に受け入れた。そして当時、開拓使庁のあった東京、芝の御成門の所にとりあえず学校を設立して、技術者の養成につとめることになった。時に明治五年四月であった。開校当時には外人教師数名が雇われ、普通科と、さらにその上の専門科とに分けられていた。

当時の計画では、農工諸科を東京に設け、後にこれを札幌に移転すること、ついで医学校及び病院を札幌に設け、その教師として、化学、機械、画学、各一名及び医師二名を米国から招聘しようとした。

当時の学生定員は官費生・私費生・各五十名であったが、後に六十名に変更された。（私費生は有名無実で一期生の三十三名以外一名もいなかった。）しかし、学校卒業後は、官費生は十年間、私費生は五年間、北海道開拓の業務に従事する義務が負わされていた。おもしろいのは、女学校を仮学校内に併置したことである。これは卒業後男子部出身者の妻として相携えて新開拓地におもむいて、永住させるためであった。当時女学校といえば僅かに東京及び京都に一校ずつあっただけであった。女学生は十二歳から十六歳までの二十人であったが、彼女らは公費生として待遇された。

黒田長官のかんしゃく

このような新しい政策を行った黒田長官も、時に独善君主的な強引さ、わがままさの一面のあったことは次のことからでも推察できる。

もともと、生徒は各藩から集めた者で、多くは年長で野蛮で、規則を軽くみる傾向があり、生徒の大半は英語が解らなかった。このような事情で仮学校生徒の統制は並大抵のことではなかった。創立一周年の明治六年三月十四日の夜、遂にカンシャク玉を破裂させた黒田長官は太いステッキを握りしめて学校に怒鳴りこみ「ばか野郎ども、サッサと出て行け！」と学生全部を放逐してしまった。折角建てた学校をステッキ一本でこわしてしまったようなものである。

これは黒田長官の短気さをよく現わしたエピソードだが、当時の学生が殺伐で、暴れ者であったのも事実である。このため学生は憤慨した。退学処分になった者に放火されるかも知れないと学校側では鳶人足四人を雇って宿直させたという。こうして男子の学校は、一時閉鎖の運命に陥った。ここで黒田長官は真面目な少年を集めて徹底した教育を施さなければ効果が上らないと考え直した。そこで一ヵ月後の四月に十二歳から十六歳までの少年を集めて予科生徒とした。二年後に試験を行って専門学科に進む予定であった。

入学時には厳重な五ヵ条にわたる誓約書を作成し、その上十三条の罰則も定めた。例えば「人に無礼を働いた時には掃除をさせる。授業に遅刻した場合は、椅子につかせなかったり、級日記に記録する」という軽いものから、教戒・罰点・退校までの重い罰まであった。

また二十二条にわたる生徒規則は、授業時の態度ばかりか、日常生活の高声談話、定められた場所以外への出入りに関すること、酒や菓子の飲食のことに至るまで細目にわたって手厳しく規定して、前の失敗をくり返さないように注意している。

札幌学校

こうして再興した仮学校は、いよいよ本来の目的である札幌移転を実現することになり、明治八年八月には、ようやく体裁の整った市街に新築校舎も竣工したので、女学校生徒二十八名、男生徒三十四名は札幌に移り、仮学校は「札幌学校」と改められることになった。（この女子部は教化も余り振わず、風紀もよくないという理由で、設立五年目の明治九年には廃校になり、生徒は故里に帰された）

学校が札幌に移転したのは、教育上の能率を増進させるとともに、規模を拡大して北海道に高等農事教育機関を設立するためであって、つまり開拓使の官吏養成機関であり、その線にそった確実な人物を彼等の要求通りに仕上げようというものであった。そのため学生は公費生として資金を惜しまず待遇された。

クラーク博士の招聘

ともあれ先に明治七年末に農学専門科開設のことが確定したが、八年三月に黒田長官は、その専門教師三名を米国から招く計画をたてた。農学・化学・獣医学・人身生理学・動物学・数学・画学・植物学・器械学・土木学の教授であり、その中の一名に教頭の役を兼ねさせる考えであった。

外務省では米国公使吉田清成に適任者の選定をまかせた。吉田公使はその斡旋を当時の米国教育界の第一人者であったB・G・ノースルップに頼んだ。彼はマサチュセッツ州立農学校長であったウイリアム・スミス・クラーク博士にこの話をして、意向を打診したところ、博士は「それは面白い、やってやろう」と快諾した。

博士はマサチュセッツ農科大学で第一次学校長として実地に体験した結果にもとずいて、遠い北海道の地に理想の学園を作りあげる抱負を抱いたのであろう。「日本に行って新しく大学を設立するためには、少くとも、二年間は滞在せねばなるまい」といわれると、博士は答えていった。「マサチュセッツ州が過去十年間多額の経費を投じて、州立農科大学を経営したその成果を導入するのだから、私は人が二年かかるところを一年で必ず仕とげて見せる。」と。

博士はその抱負を達成するために非常に慎重で、次のようにノースルップにたずねている。「ただ大切な問題は、札幌農学校は単に浅い技術と、普通の学術を授ける程度のものか、あるいはまた名実ともなって、行く行くは模範的な農事試験場も設立されるというような、整備したものであろうか。これは全く日本政府の方針と、予算総額と、そして授業を受ける生徒等の如何により決定されることと考えられる。……私は相当の設備をもって創立される農学校が、真に日本のため大いに利益する所があると信じて疑わないが、然し札幌学校が真に永久的であり、また有用な学校となるのでなければならない。もしそうでないならば行きたくはない。」

此の話から彼は、理想の学園を作り上げようというストロング・パッション（強い熱情）を抱いていたことがわかる。博士はアマストの農科大学の評議員に強いて許可を得て、現職のまま一ヵ年の休暇を受けた。

クラーク博士は契約する場合に、プレジデント（校長）として赴任するのであって、日本人の校長の指揮を受けるという考えは毛頭ないといった。札幌に来てからも、地位こそ教頭であったが、自分では絶対教頭ということばを用いず、その理想とする所のものを自分の思うままに達成しようとした。従って彼の意図するところと、黒田長官らの考える政府の方針と一致するはずがなく、後に黒田長官と大論争を起すのである。

こうしてクラーク博士はいよいよ赴任することになり、愛弟子であった自然科学専門のウイリアム・ホイラー教授、ダビッド・ペンハーロー教授とともに、明治九年五月アメリカを離れた。

一期生の選抜

さて新設の農学専門科に有能な教師ができたが、札幌学校生徒男子三十四名、女子二十八名中残念ながら専門科へ進み得るだけの能力のあるものはわずか数名しかいなかった。学校当局はいささかあわてて、急いで学生を集めて貰うように東京の開拓使出張所へ援助を頼んだ。そこで開拓使は東京英語学校に目をつけ、黒田長官はその生徒の一部をこちらへ寄こしてくれと文部省へ申込んだ。ところが文部省にしてみると、大学へ送る積りで養成中の生徒を横取りされることは不服であったので、「開拓使からこのような申込みがあった。希望の者は応募してもよいが、しかし無理に転校する必要はない。」と、どっちつかずの募集公告を発表した。

東京英語学校を卒業した者は無条件に開成学校に進み、更に帝国大学に進む道が開かれていたが、多くの学生が募集に応じた。此の間の事情を佐藤昌介はつぎのように物語っている。

「七月にクラーク先生が札幌農学校の生徒募集のため、東京英語学校に来られ、在学生を集めて演説された。学生間に北海道開発論がさかんに討議されていた時であっただけに、英語学校の熱心な引留めを振りきって、勧誘に応じ試験を受けた。」

この札幌農学校一期生の選抜にはクラーク博士自身があたり、佐藤昌介、大島正健、黒岩四方之進ら十名がこの選抜に合格した。

札幌の学舎

黒田長官、クラーク博士、あらたに選ばれた学生十名を乗せた開拓使御用船玄武丸は品川を出航して、七月三十日小樽に入港し、乗馬で札幌に着いた。そこには仮学校から専門科に進む伊藤一隆そのほか十三名の学生が待っていた。

札幌は開拓使の島判官がその能力の全てをかけて設計しただけあって、区劃整然、東西南北に幅一町の大道路を持ち、すでに近代文明都市の形態を築いていた。だが人口はわずかに二、三千に過ぎず、今日のように大きな建築物は勿論なく、大通りの真中にぼうぼうと草が生えている始末であった。

札幌農学校は現在の北一条一丁目、二丁目から北三条一丁目、二丁目までの全ブロックを占有して整然と建ち並んでいた。校舎は三棟、二階木造の北講堂、復習講堂、その中間にある平屋建木造の寄宿舎であった。学生は皆この寄宿舎で寝泊りすることになっていて、復習講堂の一部に食堂があった。学校の前面には開拓使庁があり東方には豊平川の清流が見るからに広々とした構内をうるおしている。これらの建物はすべて西洋風の白堊のしようしゃな造りであった。

長い旅をつづけて北海道に着いた東京の学生たちは、驚くほど立派な寄宿舎が建てられてあるのを見て、どのような感銘を受けたであろうか。辺境の未開地で長い学生生活を過さなければならぬ不安も一掃されたことであろう。

札幌農学校の開校

明治九年八月十四日、札幌農学校は準備を総て整えて、盛大な開校式を挙げた。開拓少判官調所広丈が札幌農学校校長兼務で、クラーク博士はマサチュセッツ州立農科大学長現職のまま、名義上札幌農学校教頭であった。学生は僅か二十四名の小人数であった。札幌農学校という名称は本質的には開拓学校であった米国の州立農学校によったのである。それで、主要学科は勿論農学であるが、開拓に必要な学科はすべて教えることになっていた。

当時米国に於てさえ、マサチュセッツ農科大学は九年前の慶応三年（一八六七年）に授業を開始したばかりでまた全米農科大学中最古といわれるミシガン農大でさえ、実際に開校したのは一八五七年である。従って札幌農学校は米国とくらべても相当古い創立である。わが東大の農学部、俗にいう「駒場」は明治十年の開校であるから札幌の方が一年早く、札幌農学校はまさにわが国の高等農事教育の先端を切ったものである。ついでながら札幌はこのように米国式農科学を取り入れたが、東京では英独の農業知識を導入しそれを展開していったのである。

札幌農学校は開拓使仮学校の当初の目的を引き継いたが、ここに面目を一新して、クラーク博士の方針によって、教養に重きを置き、人格教育が行われることになった。官費生は財政の関係から五十名と限定、月十三円を支給され、卒業後は五年間、開拓使に奉職する義務を負った。修業年限は、予備科五年、本科四年であり、既に大学としてははずかしくないものを持っていた。

二　クラーク博士と黒田長官の対決

アマスト・カレッジ

クラーク博士は札幌農学校の範を母校アマスト・カレッジとマサチュセッツ農科大学に求めた。彼は一八四八年アマスト・カレッジを卒業し、ドイツ留学後母校の教授に迎えられ、更に一八六七年、彼の努力によって創立されたマサチュセッツ州立農科大学の学長になったのだが、博士の人となりについては、一期生の一人大島正健によると、

「少年のころから負けず嫌いで非常に勝ち気であった。例えば、色々な競技でも、喧嘩でも、何時も必勝を期して努力するので、実際負けたためしがなかったという。その性格が終生の行動に現われ、何事に対しても忍耐してその意志を貫き、絶えず戦闘意識を持って事に当った。このような不撓不屈の精神がその体格にも表われたのか、中背ではあったが、筋骨たくましく、一種犯し難い威厳のある風貌を具えていた。しかしまた、他の一面に於ては親しみ易い温情味と魅力を持っていた。先生は一面、諧謔機智に富み、当意即妙の答を発することがしばしばであった。そして座談が頗る巧みで、興味ある経験談や冒険談を試みて、学生たちを鼓舞激励する。先生は常に正義を愛し、正義の為には全力を尽して戦い、妥協を嫌い是是非非、禁煙禁酒を守る、主義の人であった」と。ただほめ言葉ばかりでつづられている。

博士の人となりは、彼が卒業しその後十五年も教授を続けたアマスト・カレッジで育くまれたものであろう。アマスト・カレッジは、今日でもまだ人口六千未満の小都市にある普通の大学課程を教えるカレッジであるが、当時のこの大学にはピューリタン・スピリットが盛んに燃えていて、学生の間に信仰の復興や、禁酒禁煙運動がたびたび起っていた。

学校は市街を遠く離れた美しい自然の中にあり、大学それ自体ユニークな存在であった。というのはその教育の目的を徳育、情操の教育に置いていたからである。いわゆる職業教育におちる事を極度にいましめていた。このような雰囲気をもつ大学であったからでもあろうか、アマストの卒業生の中で牧師となり、外国宣教師となっ

た者の率は、他の大学にくらべて最も高かったのである。ちなみに、新島襄、内村鑑三は同校の卒業生である。

玄武丸上の論争

クラーク博士の不屈な魂と、自由主義的な教育の方針は、黒田長官と対立せずにはいなかった。それは明治九年七月二十五日玄武丸に乗って札幌の新校舎に向う途中で早くも表面にあらわれた。船には開拓使官営の製糸所の、二十歳前後の女工が十五、六名乗っていた。ある日学生の一団が、この女工に対して大声で野次ったのがきっかけで、果てはY歌をうたいながらのストームとなった。学生の一人黒岩四方之進の説明によると、女工の方が学生よりも優遇されている不満が爆発したのだというが、実際のところは退屈しのぎのいたずらだったのであろう。悪いことにその場所は、黒田長官の食堂の真上であった。騒ぎを知った長官はカンカンになって怒り出して、このような学生は到底成業の見込みがないから小樽についたら全部追い返せと厳命した。学校当局者は生徒に謹慎を命じたが、黒田長官の怒りはおさまらず、クラーク博士に学生の素行、徳育問題を厳重にするように要求した。博士は「私にはただ一つの途があります、私は学生と共にバイブルを読みます。それで十分であると思います。」と答えた。黒田長官は非常に驚いた。キリスト教の禁制はすでに解かれてはいたが、外国宗教の存在は開発政策のマイナスの力となり得る恐れが多分にあると考えていたからである。それに仮学校での苦い経験から考えても、そのような簡単なことで学生の教育が出来るはずがなく、思いきった徹底教育が必要と思われた。長官は博士の説に強く反対した。ピューリタンの理想家クラークと、維新政府の強力な推進者であった陸軍中将黒田長官は、それぞれ違った立場から自説を固執した。博士も長官も、勝気の人であったので。結論を得ないまま、船は小樽に入港、翌日札幌に着いた。しかし結論を出すため明日開校式という八月十三日の夜、黒田長官は使をだしてクラーク博士を呼んだ。「先生、あなたはお説を変えませんか」

「変えません、私の道徳はバイブルです」遂に長官も開校式を中止するにしのびず、ひとまず折れて、バイブルを一つの文学書、修養書として黙認するということで妥協した。このようにして維新政府の要請に反して、札幌農学校は他の官学とは趣きの違った「自由、独立、大志」の特色を持つことになるのである。

クラーク博士の演説

翌日開校式が行われた。黒田長官の式辞に続いて、札幌農学校長調所広丈の訓辞、学生の答辞、祝辞の後、博士の演説が行われた。これは彼が札幌滞在中の教育方針を示すものと考えられるので、訳文の一部を引用する。

「本日私は日出ずる国の最初の農科大学である札幌農学校の初代校長(president)として、同時に遠く数千マイルはなれた西半球にあるマサチュセッツ農科大学学長としてここに立ち得ることはこの上ない誇りであります。私がここに到着して、非常に嬉しく感じたのは開拓使所属の三大模範試験農場が、かつてマサチュセッツ農科大学で学んだ一人の日本人の指導の下にあったことです。私は今、その人とともに札幌の地に、同じような大学の基礎を築こうとしてやって来ました。この新設の大学は数年を経ないで北海道の産業の発展と、農業の改善のために、大いに貢献するものと信じております。学校、ことに大学を設立して維持して行くために、賢明な政府は最も力を注ぐべきでありますが、農工業に関する教育機関が相当注意を引くようになったのは、欧米においても最近のことであります。

黒田長官殿は何はともあれと、まず北海道に農科大学を設立されました。私はこの政策の賢明なることは遠からずはっきりと、社会に示されるであろうと信じております。本学設立のために招かれた私たちは、この神聖な職務に粉骨砕心当るつもりであります。私たちは各自の実践と教授によって、あらたに私たちの生徒となった学生諸君に人間としての生活に最も適切な精神と情操を発展させるように努力いたします。

……長い間暗雲のように東洋国民の頭上をおおっていた階級制度や、因習の暴君の束縛から国民を自由にした驚くべき解放は、これより本校で教育をうけようとしている学生諸君の胸中に、自ずと高遠なる大望(lofty ambition)を喚起するであろうことを信じて疑いません。

青年紳士諸君(Young Gentlemen!)願わくば、諸君の最も忠実で有効な奉仕を要望している母国の、信頼と栄誉をかち得るために努力してほしいと思うのであります。諸君の食欲と若き情欲を慎み(control your appetites and passions)健康を保ち、従順勤勉の習慣を養って下さい。その上ではじめて諸君の学ぼうとしている種種の学課が最も有効に習得できるのであります。そのような諸君に対しては『正直で、聡明で、活動的な人物に対して何時も待っている重要な地位』が絶えず用意されているのであります。というのは諸外国においても同様でありますが、この国でもそのような人物を非常に必要としていながら、残念なことに余りにも少いからです。いろいろな情勢をみてこの数年間、札幌農学校が長官の庇護を得たならば、北海道のみならず、日本全国民より尊敬され支持されるに価する学校となることを私は信じて疑いません。」

クラーク博士の研究家逢坂信悉はこの演説の中でのつぎの三点に特に注目している。(クラーク先生詳伝)

(一) 「高遠なる大望」の語を用いたこと

(二) 学生を「青年紳士」とよんだこと

(三) 食欲と情欲を慎めと注意したこと

まず第一にこの時すでに、ロフティ・アンビションという言葉を使っていることである。もちろん、ロフティというのは、「高邁な」「崇高な」などという意味であるが、博士はそれから八ヵ月後、ふたたび「ロフティ・アンビション」にふれて、島松で学生たちに別れを告げる時「ボーイズ・ビー・アンビシャス」といった。このことばに対して、「さようならという代りに、気軽るに使ったのにすぎない」という人がある。しかし、それは博士の胸中を知らぬというものである。

博士は、学生を「ヤング・ジェントルマン」と呼んだ。これは学生を一個の人格者として扱っていることを意味する。

この演説の最後に「食欲と若き情欲をつつしみ、健康を保ち、従順勤勉の習慣を養って下さい」とある。博士は当時の学生の飲みっぷりを見て、大いに節制が必要だと感じたらしい。博士も酒や煙草が好きだったようで、アメリカからブドウ酒やビールを幾ダースも持って来ていたが、学生一同の面前で酒びんを打ち割ってしまった。こうして明治九年十一月二十九日、学生教授ともに禁酒禁煙の誓いをたてたのである。

いま一つ付け加えたいのは「人間としての生活に最も適切な精神と情操を発展させるように努める」という点である。これは博士のたてた授業の方針に明示され「開拓に役立つ実利的な官吏養成」という黒田長官の考え方とは全く反対の行き方をとった。このため後述するように人文科学系の学問が自然科学系の学問と同じように重要視され、後の札幌農学校の性格を特徴づける点ともなったのである。

学則の問題

やがて、学則及び寄宿舎の規則をどうするかということが問題になった。開拓仮学校で苦い経験を持つ関係者は、この問題を重要視して、ある日、仮学校の規則を英訳してクラーク博士にみせたところが博士は大声でいった。「このような規則を作って強制したところで、すぐれた人物ができるものではない。私が学生に望むのは〝ジェントルマン（紳士）であれ〟と、これだけだ」

規則づくめの生活を強要した前の学生生活には、善悪を判断しようとする個人の自由意志が生かされず、上からの威圧だけが学生の上にのしかかっていた。封建時代を脱し、新しい社会への過渡期にあって、目覚めた学生たちが、この圧迫に反抗する気勢を示したのも、当然であろう。従って、博士の意向を聞いて学生たちは非常に喜んだ。

「われわれはジェントルマンである。われわれは定められた規則にしばられるのではなくて、自分の良心に従って行動するのである」（大島正健「クラーク先生とその弟子」）という自負が自然と生れてきた。この気風は、札幌農学校に自治的な傾向を育くみ、自由な学園としての基礎を築いた。

このように、クラーク博士は自分の信念に基いて着々と新しい学園を作りあげて行つた。ある日、農学校を視察した黒田長官は、以前とはすっかり変化した学園の雰囲気に非常に驚いた。玄武丸の論争以来とかく、すっきりしなかった長官も、この状態を見てはもはや何もいうところがなかった。

長官は、学生一人に二十銭ずつの褒美を与えて、博士には「あなたは必ず私の希望する通りの、国家に対して有益なる人物を育ててくれそうです。すべて貴方の自由にやって下さい。」とはじめて一切をクラーク博士に任せたのだった。

三　思想と信仰の独立

博士の聖書講読

クラーク博士は毎日、授業をはじめる前に、祈禱し聖書を読んだ。これは学生をクリスチャンにしようというのではなくて、人格を養うには宗教が最も適当であるという信念から行ったのである。博士は常に「道徳は理論的に説明できるものではない」といっていた。だから学生にバイブルを読ませても、その中の名言を暗誦させるだけで余計な説明はしなかった。当時の一期生大島は次のように述べている。

「そのやり方は外国の宣教師たちとはまるで変っていた。初めに祈禱をしバイブルを読まれたが、続いて何をされるか、私どもには想像もつかなかった。ある時は黙って考えこみ、ついで真赤な顔をして祈りを捧げて終りになるかと思えば、次の日には何かを読んで聞かせる。定まった形式がなく、その時その時の考えに任せて人格陶冶を行うという感じであった。」学生ははじめは、キリスト教に好感を持たなかった。例えば、学生の一人伊藤一隆が洗礼を受けようとした時に、級友たちは、宿舎で洗礼を行うのを拒んだ。しかたなく道路上で行おうとすると巡査に禁止されたので、漸くクラーク博士に頼んで博士の宿舎で洗礼を行ったという。このようにきらったキリスト教であったが、学生たちは聖書の中に書いてある通り行動をする一人の外人を見て、次第に心をうたれるようになってきた、雑誌蕙林には当時のようすを「基督教の如きは皆かのクラークを信じて、しかして之を信ぜしなり」と書いてある。学生たちは一人の人間すなわちクラーク博士の人格を通して、無意識の間に教義を知り得たのである。ただしクラーク博士が何等の欠点のない人物であったというのではない。それどころか大島にいわせると、「先生には失策もあり、怒気を発したこともあった。然しいついかなる場合も、極めて自然であり、小児のようなところがあった。」とにかく学生とともに行動し、範をたれようとした態度は、若人の胸に敏感にひびいたようである。こうして博士の偉大な感化力は徐々に学生たちの間に浸透して行き、ついに配布された聖書を研究しようとする機運が生れてきた。

かくて、博士が日本を去るに当って「イエスを信ずるものの誓約」という文を起草し、自らこれに署名した後学生達に回したところ、一期生十七名は一人残らずこれに署名し博士をおどろかせた。以来北大の入学式が入学式といわず「宣誓式」といわれるのは、この故事によるものである。

二期生入学

クラーク博士に直接薫陶を受けた一期生たちが二学年に進もうとしていた頃、博士の通訳の堀誠太郎が東京英語学校に姿を現わし、札幌農学校の特徴と使命とを訴えて生徒募集を試みた。宮部金吾、太田（新渡戸）稲造、内村鑑三の三名は直ちに応募した。ついで足立元太郎、広井勇、南鷹次郎ら全部で二十一名の者が選抜された。彼らは東京を後にして北海道に向う時、初めて洋服をまとい、紙製のカラーをつけて得意になった。このことでも解るように彼らは時流にうとく、視界の狭い頑迷な思想の持主に過ぎなかった。

彼らは札幌に向う途中、「われわれは邪教におちた学生たちを救わねばならぬ」といっていた。小樽を経て一日中荷馬車にゆられて、札幌の町に着いたのは、九月三日の夜八時ごろであったが、寄宿舎に着いても上級生が一人も姿を現わさない。どの部屋もガラ空きである。ただ一室だけ灯がついて、そこから静かに讃美歌の声が聞えて来る。「二期生は、お互に顔を見合わせて何もいう気力がなくなってしまった。宮部金吾は後に「官立の札幌農学校が、これほどまでヤソ化されているかと思うと不思議でならなかった」といっている。一期生の方では意識的にそうしたのではなかったが、以後、上級生と二期生との間には、深いみぞが作られてしまった。特に二期生の者が最も不平に思ったのは、上級生がキリスト教を宣伝しようとした点である。後年日本的キリスト教を創始した内村鑑三も最初は頑強なアンチクリスト派の一人であった。彼は著者「余は如何にしてキリスト教徒となり

しか」の中で、

「私は、わが国の神にのみ仕えるのだ。死んでも断じて他国の神に降りはしない。もし私がそれに従ったら国家にそむくものである。その上私がいだいている義務と愛国心の上に築かれた『尊き野心』は、それによってくずれてしまうであろう。」

と述べ、親友太田、宮部が次第にキリスト教の教えに心を傾けるようになると、遂にたまらなくなったのか、一夜札幌郊外にある札幌神社へ行き、「速かに農学校に於ける新信仰を絶滅し、邪教を信ずる者を罰する」ことを祈ったりした。しかし一期生の真剣な態度と、信念に燃えた熱烈な精神は、次第に二期生の心をキリスト教へと向けずにおかなかった。

わずか二、三ヵ月の間に「イエスを信ずる者の誓約」に署名した者は十五名に達し、相反目していた一期生と二期生の間の溝はいつしか埋められて、彼らは精神上の兄弟となった。

独立教会の設立

明治十三年七月札幌農学校は第一回の卒業生を出した。この時二期生の信徒は、寄宿舎を出ることになった一期生と一夜夕食を共にしたが、ここで一つの問題が提出された。「なぜ、キリスト教が多数の教派を擁するのか?」という点である、「主一つ、信仰一つ、洗礼一つ」というキリスト教の信者が、なぜ異った信仰、箇条、儀式、習慣の下で、互に隔意を持って対立していかなければならないかという疑問であった。当時札幌には英国監督教会(聖公会)と米国メソジスト監督教会の二つがあり、これ等の教会で彼らはそれぞれ洗礼を受けていたのである。

もちろん彼等はロフティ・アンビションと自主独立の念に燃える若人らであった。このような儀式ばった教派に囚われることができなかった。

教派対立の問題は、若人の素直さと、熱意によって、はじめて解決の道を見出した。すなわち、十四年になって、渡瀬寅次郎、大島正健、佐藤昌介、内村鑑三、足立元太郎らが中心になって「独立した教会をたてよう」という提案が行われ、実行に移されたのである。この実行に際して米国メソヂスト教会は、四百弗(当時の七百円)を寄贈してきた。しかし単純な学生達は、その裏にどのような野望がかくされているか知らなかった。金を貰うのはあまりに虫が良すぎるからと、一時借り受けることにして、四百円で教会を建て、残金はメソジスト教会へ返却した。新教会は次の四ヵ条を理由として、独立を宣言した。

一、同窓の学生は宗教上の意見が殆んど変らないのだから、二派の教会にわかれることはできない。

二、札幌のような狭い市街に二派の集会所を設けて対立するのは愚策である。

三、われわれは厳しすぎる信仰箇条と、煩雑を極める礼拝儀式に束縛されたくない。

四、外国人の扶助を借りずにわが国に福音を伝えるのは、われわれの義務であると考える。

内村鑑三はこの独立の意味を "Independent, non-section, democratic and Biblical" といい、更に Biblical の意味を "Scientific in method and devout in spirit" と釈している。

教会の奸計

明治十五年の春が訪れた。この元日の夕、二派の若い信徒は新会堂に集り、前途を祝していた。その時函館の米国メソヂスト教会から一封の手紙が届いた。それは意外にも彼等が要求した退会の認可ではなくて、貸金の残り四百円を即刻返却せよという督促であった。メソジスト教会が会堂建設の資金を出したのは、学生青年たちを利用して、わが教派の拡張をはかろうとしていたもので、貸金の返済を要求すれば、驚いて退会の請求を撤回すると考えたのである。当時の四百円といえば、容易でない巨額であった。

クラーク博士の援助

四百円の金を集めることは思いも及ばないことであった。一同、途方にくれている時帰国しているクラーク博士から一通の手紙がとどいた。博士は弟子達の独立教会の設立と困惑している事情を聞いて、百弗を送ったというのである。

「諸君の話を聞いて、非常に満足である。私がバイブルを読ませたのは、決して、諸君をキリスト教徒にしようと思ったのではなく、その中にある真理を把握させようと思ったのである。私はこんなに早く自分の希望が実現するとは思わなかった。」と博士は書いていた。当時、クラーク博士は、事業に失敗して、破産していた。そのような非常の際だのに援助資金を送ってくれたのだ。一同は狂喜し涙にむせびながら感謝した。彼等はこの報にふるい立って学費を節約し、あるいは月給を義捐した。卒業して農学士となった一期生らは月給三十円の中、二十五円まで必ず出す事を約束した。たちまち予定の金額が集り、メソジスト教会に返済をすませたのであった。

思想の独立

二月十八日、遂にメソジスト教会は彼等の退会を認め、独立教会による若人たちの自由と独立が獲得された。こうしてどの教派にも属さない独立の教会が発足し、札幌独立キリスト教会と名付けられた。現在札幌にある独立教会の起源はこの時にはじまったのである。現在の教会堂は札幌の心臓というべき大通り西七丁目に、大正十一年八月、クラーク記念会堂として建てられたものである。

四　当時の学生生活

経済問題

札幌農学校の学生は、月十三円の公費生であった。これが学生の日常生活にも影響し、今日では考えられないような明るさ、朗らかさを与えていた。衣食住に頭を悩ます必要がなかったので、自然に国家、社会の問題に目が向いた。

また、就職難などという問題もなかった。社会に対して自分の力を充分に発揮しうるという確信と可能性が、安心して学業に心を打ち込ませ、崇高な理想を抱かせた。

食事はすべて洋食で、パンと肉が常食、米はカレーライス以外には使われなかった。今でこそ北海道はその米産高を誇っているが、当時の北海道ではその産出は殆んど絶望視されていた。開拓使では、まず学校からはじめて、パン食の風習を北海道全土に普及し、道内の産物で自給出来るようにしようと考えていたのである。鹿は非常に多く、肉の処置に頭を悩ました開拓使は、罐詰を作って輸出した程である。魚肉は主に鮭があった。この頃は、今の北大構内（当時の農場内）の小さな流れにも鮭がのぼって来たという程豊かであった。

日用品は夏冬服から筆墨に至るまで、すべて給与された。学生の中には余分の品を丹念に貯えておき、卒業後数年も使ったという者もある。

特色ある制度として実習があった。これは manual labour といわれ、学校の農場で実習すると、一時間五銭ずつ与えられた。たいてい一人一週に三時間以上は実習した。この制度によって、自分の労力で正しい報酬を得ることが決して卑しむべき事でないこと、それが如何に必要であるかを教えられたのである。志賀重昂はこの時のクラーク博士の教えを、「もしわれわれが幼年の時代から、額に汗して金銭をえ、それによってパンをうるという習慣をつけておかないならば、壮年の時代に至って衣食に窮し、つい不正な金銭を私するようなことになる。されば受くべき金なら一銭一厘一毛といえども遠慮なく受け、受くべからざる金なら一銭一厘一毛といえどもこれを取らぬという習慣を養うのが、人間第一の務めである。……清潔なる金銭を得る事を学べ、これが人間自ら清くなり、人には迷惑をかけぬ道である。」といっている。

これは米国流の考え方であると、とかく軽蔑されがちであるが、このような考え方を嫌った世代に、なんと収賄事件や汚職事件の多いことか。この制度を通じて「実践を通して学ぶ」という気構えが、自然と学生の心に植えつけられたことは否めない。とにかくアルバイトをしながら勉強している現在の学生に比較できないほど、昔の先輩は豊かに、恵まれた学生生活を送っていたのである。

エピソード

当時の学生の気質、生活を良く現わしていると思われるエピソードが少くない。それらのものは多分に伝説化されてはいるが、当時の学生生活の実体にふれる意味で非常に面白い。「手稲山中のクラークの四つんばい」「英語による講義のための悲劇」「紳士問題」など枚挙にいとまがないが、ここでは「自然に関するもの」と「師弟の交情に関するもの」の一、二をのべて見よう。

臭い人喰熊の肉

当時の北海道には、いたる処に熊が出没していたが、ある年の春、冬ごもりに飢えた大熊が荒れ狂った。ついに屯田兵に出動命令が下り、熊狩りが始まった。撃ち止めた熊の巨体は札幌博物場に運びこまれた。解剖実習をしていた学生らは思いがけない材料に喜び勇んですぐさま解剖にとりかかった。みるみるうちに皮は剝がれ、剝製の用意が整えられる。その間に食い意地のはった学生たちは、ペンハーロー教授の目を盗んで一塊の肉をかくした。その連中は休憩時間を待ちかねて小使室へ飛びこんだ。熊の肉が火の上にかざされた。やがて醤油に浸す者、口に投げ込む者、たちまち餓鬼道そのままの光景を現出した。眼を白黒させて口を動かしていた一同の口から、「臭いな！」「堅いな！」という声がもれたが、我慢強い一人が「うまいな！」と叫んでかみ切れぬ肉片を無理にのみ込んだ。それだけですめば問題はなかったのだが、さて、ふたたび実習をつづける間に、異常にふくらんだ胃袋が現われた。元気の良い学生が力をこめて胃壁を断ち割ったその瞬間、悪臭を放ってどろどろと流れ出した内容物の中から、なまなましい赤子の腕が出た。女の黒髪が出た。さらに男の片足が出た。

意外な光景に学生たちは、ワッと叫んで飛びのいた。土色になった熊肉党は、気が狂ったように戸外へとび出した。そして口に指を押し込み目を白黒させて、食ったばかりの熊の肉をはき出したのであった。やんちゃな一期生を悩ましたこの熊は剝製標本となって、今もなお植物園の北大附属博物館にその姿を留めている。（大島正健「クラーク先生とその弟子達」より）

クラーク博士とみかん

クラーク博士在任時代は学生数が少なかったためか、師弟間の交情が実にこまやかで、ちょうど一つの家庭のような、なごやかな気分であった。

博士は、昼間は農学校の教授として授業を行い、また教頭としての重責を持っている上に、開拓使の顧問であった。夜は学生のノートの間違いやら、筆記の書き落しをいちいち訂正してやったり、米国へ便りを出したり、何かと多忙であった。

学生は東京英語学校の秀才だといっても、今の新制高校二、三年の年ごろで、しかも不完全な英語教育しか受けていないので、英語の講義の筆記はどうしても不完全なものになった。見かねた博士は一週に一度ノートに目を通してくれたのである。多忙な身であったが、夜、学生たちが訪ねて行くと、いつも喜んで迎えた。学生たちはほとんど毎夜のように博士の宿舎へ行った。そして、小説のように興味深い博士の体験談や、道徳、政治、宗教に関する話を聞いて見聞を広め、自己の教養を高めたものである。ところで学生たちの訪問にはそのほかにも大きな目的があった。博士は日本の密柑を珍しがり常に絶さなかったが、それが学生の大きな魅力であったのである。博士はいつも山のように御馳走を出してくれた、そして自分は傍らで、破れた靴下や、靴足袋を出して、不器用な手付でほころびを縫いながら、学生と話し合ったのであった。（雑誌「蕙林」より）

札幌の自然

当時の学生たちは社会とは没交渉であり、それだけに自然に親しんだ。当時の状況を安田英吉は次のように記している。

「広大な石狩の平原は開墾されて牧草が茂っている。そこに巨大なニレの木がポツンポツンと立っている。風が吹くと美しく牧草が波打つ。高くそびえるエルムの下に坐って、書物を読んでいると、実に何ともいえない快適な気分がする。植物採集の仕事も終って、牧草の中に寝ころんでいると、何ともいえないのびのびとした、俗界を離れて天国に来たような心持だ。あの豊かな情緒、あの悠然とした環境が私たちの品性をつちかう上に、大きく影響しているのではないかと思う。あの景色はどうしても忘れられない。

……原始林の中の札幌に来た当座は寂しく感じたが、やがて壮大な大自然の景観に心をひかれるようになった。北海道の風物は、見なれた郷里のそれとは、全く違っている。寄宿舎の前面には、ホップ園とリンゴ、ナシ、スモモ等の果樹園が広くひろがっていた。夜、どこからか馬が入って来たこともある。その裸馬を捕えて乗り廻し、得意になっている学生がいた。馬ばかりか、鹿まで、学校の前に飛び出したこともある。」学生は牧歌的な情緒を愛した。そして恵まれた環境の中で、おおらかな気風をやしなったのである。

学生の自主的傾向

当時は誤ちを犯せば学生の間で互に制裁を加えるという気風があった。そのため厄介な問題も余り起らず、また起っても解決が早かった。クラーク博士の独得な教育法に従った学校当局が、学生に対して余り干渉しなかったことに起因しているのであろう。干渉しないがしかし、よく学生の主張や要求に耳を傾けた。この気風は、学生に自重と自覚を与え、自治の観念を植えつけた。

当時の学生が最もおそれたのは、破廉恥な行いをすることであった。これには学校当局もきびしく、貸費生の資格を解いたり、甚だしい時は退校を宣告した。学生は自学自習を尊び、自主的な研究は重要な校風のひとつとなっていた。このような傾向は「開識社」の創設となりまた「遊戯会」の設立となってあらわれた。

開識社はクラーク博士の提唱によって、「智識の交換、相互の親睦」を目的として、明治九年、一期生が組織したものである。月に二回全員が一堂に集って、各自の意見を発表し、批判し、討論した。英語の練習に重点を置いて、毎回英語演説などを行った。時には教師も混って一席弁じたりもしたのである。この開識社はその後ますます盛んになっていった。

遊戯会は今の運動会のようなものである。従来わが国のスポーツの起りは、東大の前身である大学予備門であるとされていたが、札幌農学校ではそれよりも早く、明治十一年五月から遊戯会を行っていた。それも学生の手で運営されたのである。

夏の休暇には大部分の学生は郷里に帰らず、辺境各地を探検して歩いた。「北海道の開拓に当る力強い実際家」としての力を貯え、開拓地の実際を知るためであった。この他に「農業叢談」を発行し、農談会を開き農業改革運動も起した。クラーク博士によって門戸を開かれた関係もあって、農学校の特色は米国式の大学教育法にならい、一つの型にはめた人間を作るのではなく、個人の天性の成長を助けるために存在するという典型的な個人主義的教育法をとった点である。わずか数十人の学生のために多額の経費を使い、多数の教師を擁して徹底的に個人教育を行った。従って北海道開拓の使命を荷った学生ではあるが、社会では、彼らを単なる技術者・農学者として迎えるだけではなかった。卒業生は技術以上のものを身につけて校門を出て行ったのである。

五　彼等はいかにアンビシャスであったか

明治十年（一八七七年）四月十六日、政府との契約期限の満ちたクラーク博士は、マサチュセッツ農科大学長の職に戻るために、帰国の途についた。

島松の別離

その朝、校長調所広丈、ホイラー、ペンハーロー、ブルックス及び学生など二十五名は、クラーク博士の宿舎であった創成橋脇の本館前に勢揃いして記念撮影をした。博士は室蘭街道へ馬を進めた。学生たちは、そのあとを追い慕って行った。

札幌の南方六里の島松駅に着くと、博士は馬を止め、駅逓中山久蔵の宅で休憩した。学生たちは恩師の囲りをかこんで昼食をすませた。話題は尽きなかった。いよいよ別れの時になると、博士はひとりひとり教え子の顔をまじまじと見ながら、力強い握手をかわし、「どうか一枚の葉書でよいから時折消息を伝えてほしい。決して忘れないように」と幾度もくり返しながら、ひらりと馬に跨り、「ボーイズ・ビー・アンビシャス」と高く叫び、そして名残りおしそうにふり返りふり返り疎林の彼方に姿を消した。

「ボーイズ・ビー・アンビシャス」——この言葉の意味については、すでに本書においても前にふれたが、さらに、昭和二年九月二十七日、内村鑑三が母校北海道帝大の中央講堂で、二千余の聴衆を前にして演説した要旨を引用してみる。

「W・S・クラーク先生が五十年前に残された、この簡単な言葉の中に、いかなる意味があるかを考えてみると、これは必ずしも先生独自のことばであるとは思えないのであります。とにかくこの思想は当時のニューイングランドを支配していたことは疑いのない事実であります。然し、だからといって先生のオリジナリティを奪うことにはなりません。数多くの偉人を生んだ先生の郷里ニューイングランドのピューリタントの意気を、先生は当時の農学校に滲透させたのであります。ここに先生のオリジナリティの確固たる意義があると考えるのであります。然らばボーイとはいかなる定義をもつか。ボーイとは実にアンビシャスを持った人のことであり、六十才の老人でもアンビシャスを持った者はボーイといってよいのであります。先生は二十才前後の人だけをいわれたとは思われない。私は未だアンビションを持つが故に、ボーイであると確信しております。これが私のボーイに対する定義であります。

次にアンビションとは単に、大望とか野心とかの意味であろうか？

これに対してエースマンの hitch your wagon to a star という言葉があります。望みを高く抱けというのをクラーク先生が易しくいったのであります。目的を持つことが人生を最も有効にすることであるというのであります。さてクラーク先生の訓えを汲んで、われわれは如何なるアンビションを遂げ得たであろうか。佐藤昌介君宮部金吾君、南鷹二郎君らは皆それぞれその望みを高き星に結び得たのであります。私はといえば、一つは水産学の研究と、いま一つはキリスト教を真に日本人向きにすることであります。そしてキリスト教の問題は日本に最も必要なことと信じ、私の半生をこれに捧げたのであります。この努力が世界の注意を引きつつあることを知って、私は望みを一つの高き星につなぎ得たという自信を持ったのであります。最後に、〝ボーイズ・ビー・アンビシャス〟といって私の話を終ることにいたします。」

その足跡

一期生の伊藤一隆は、卒業後、職を開拓使に奉じ、北海道水産界の開拓者となり、また越後の日本石油の功労者となったが、在学中の「禁酒、禁煙の誓い」を日本全国にひろめようというアンビシャスのもとに、日本禁酒運動の推進力として大いに働いた。

大島正健は、支那の音韻学の研究で晩年、文学博士の学位を得たが、また内村鑑三とともに独立教会を建ててこれを維持し、唯一神、唯一派の理想を貫いた。さまざまの困難を克服して、札幌農学校を北海道帝大にまで育てあげる努力をおしまなかった佐藤昌介、官界に雄飛出来たにもかかわらず北海道開拓の理想の基礎を築いた内田瀞、黒岩四方之進ら、数え上げれば限りがない。二期生についてみても、新渡戸、内村、宮部らの多くの人物を出している。新渡戸稲造が語るところによると、

「明治十四年の七月、卒業式も近い頃のことである。当時札幌の公園であった偕楽園の池畔（現在も北大の附近にある）で宮部、内村と我輩の三人が、社会に出たならば如何なる事をなすべきかと語り合った。三人は国と同胞のために、一身を献げることを誓った。今から四十九年前のことであるが、我輩の記憶には今なお昨日のことのように思われる。」

宮部金吾は、その時のことにふれて、「札幌を、かってソクラテスを出し、プラトーを出し、アリストテレスを出したアゼンスたらしめん。」と誓ったのであると述べている。

そして一生を札幌の学問のために棒げ、札幌をスコットランドのエジンバラのような学芸の淵源地にしようと努力した。

内村鑑三は、「キリスト教を日本人にふさわしいものとし、日本を救い、かつ世界に於ける日本の使命をはたそう」と、大島正健らと札幌独立教会を建設した。その後の半生は、迫害と誤解に抵抗する戦いに終始した。彼に好意を持っていない新聞によって作り上げられた「内村不敬事件」のため、高校教師の地位を追われながらも、「東京独立雑誌」を発行し、社会の暗黒面に鋭い批判を加えた。日露開戦の際には、多くの反対に抗して、独り非戦論を唱えた。いわゆる「無教会主義」の信念を広く提唱するなど、理想と信念に生きて悔いなかった。

新渡戸稲造は自ら「太平洋の橋にならう」と願った。「太平洋の橋とはどういうことか」と尋ねられた時、彼は、「日本と西洋とが真に融合して行くためには、相互の理解を深める必要がある。私はその橋渡しをしようとするのだ」と答えた。そのアンビションは名著「武士道」となった。彼は明治四十年、日本の最初の交換教授として渡米し、大正八年国際連盟が成立すると、その事務長となり、ジュネーヴに於いて七年間にわたってわが国の地位の向上と国際親善の役をはたした。満州事変が突発すると、直ちに米国にわたった。太平洋会議では、あるいは議長として、あるいは日本代表として活躍し、過労のためカナダで客死した。

エルムの木かげに学んだ彼らの道標は、ロフティ・アンビションであった。だれ一人として個人的な立身出世の夢におぼれず、今までだれもやったことのない新しい道を切り開いて行った。それはクラーク博士の残して行ったパイオニア・スピリットが、胸中深く滲みこんでいたからである。

従って大部分の学生は卒業と同時に未開の北海道の大地にとび込んで行った。在学中から国家試験のために勉強することなどは極端にきらった。彼等はすでに出来あがっている安定した、規定された、保証された将来に対してはこれを軽蔑した。後年他の大学より来学した教授が「北大みたいなだらしのない大学はない。」といったのは、このように開拓地で、黙々と開拓にはげんでいる人びとが、他の大学の目から見ると非常になさけなく見えたのだろう。

北海道大学の卒業生は、一般に地味であるといわれるのは、このことをさしているのであろう。しかし北海道の開拓地の片すみで、黙々と開拓に励んでいる先輩の目には、ゆるぎない信念がある。理想を目指して進む姿には、農学校以来受けつがれたパイオニア・スピリットの力強いほとばしりがみられる。

第二章　時計台をめぐって

一　時計台の鐘を守ったその弟子たち

札幌農学校の充実

札幌農学校は、クラーク博士の献身的な努力と、学生の自主的態度によって、確実に発展の第一歩を踏み出し、博士の帰国後も、開拓使の強力なバックアップによって、着実に発展していった。種々の設備も完備してきた。その一つに、現在その充実を誇り、札幌市民の憩いの場所となっている植物園がある。これは明治十一年、三千六百坪の敷地に温室と共に設けられ、十六年には、当時偕楽園の附近にあった附属博物館が移されて、十九年に完成した。

時計台とアカシヤで親しまれている「演武場」も、この年に完成した。塔上の大時計は米国に注文して作らせたものである。この鐘の音はアカシヤの花のほのかな香と共に、学生のロマンチックな気持をそそった。当時の学生のひとり、有島武郎の一文によると、

「真理は大能なり、真理は支配せん」

という鐘銘があったというが、この鐘にそのような銘はない。（クラーク先生詳伝）しかし鐘の音を聞くと、有島武郎ならずとも、真理は大能なり、真理は支配せんと、絶えず、われわれにささやきかけているのを感ずるであろう。

このころ三十万坪の農園が札幌農学校の所管となったが、この中には農耕地、演習林があり、小さな流れのある放牧地あり、バーンありで実習上非常に役立ったばかりでなく、北海道開拓のサンプルとなり、幾多の新種を

生み出して、北海道の農業・林業・牧畜に与えた影響は測り知れないものがあった。現在、北大の構内となった有名なポプラ並木のある第一農場、恵廸寮附近の第二農場には、現在もなお、クラーク博士の設計した畜舎がある。

教授陣はとみれば新らたにW・P・ブルックス（農学）、S・H・ピーボデー（土木工学）、H・C・カッターなどが加わりクラーク博士の後の教頭にはホイラー、次いでブルックスがなった。このように教授、施設共に札幌農学校は充実してきたのである。このことは教頭ホイラーが「本校は今や創業時代をおえ、正規の授業に対して必要な物件を完備するに至った」といっていることでもわかる。時に明治十二年、開校二年半にして授業、実験等に必要な設備が整ったわけである。

入学志望者は増加する一方なので、学生定員五十名の制限を廃して、設備の許す限り多くの学生を収容することになった。また費用は学生の自弁となり、卒業後の開拓奉仕の義務はなくなった。官費生制度は廃止されたが、優秀な学生で学資の不自由な者には、月九円の学資を現金、衣服、学用品等の形式で貸し付けた。これが明治二十四年まで続いた貸費生制度の起りである。これは重大な改正で、学生は自分の望むところ、如何なる道へでも自由に進めることになった。こうして明治十三年、十四年には、農学校の一期・二期生はアンビシャスを胸に新進の農学士として巣立って行った。

札幌農学校の充実と平行して、北海道開発を目的とした開拓使の事業も、着々と完成して行った。明治十四年八月、明治天皇が北海道へ行幸になったが、これは明治五年にはじまった開拓使十カ年計画の成果を、ごらんになるためであった。使命を果した開拓使は明治十五年二月に廃止された。とにかく黒田長官が誇りを以って天皇を案内し得るに充分なだけ、当時の札幌農学校は着実に発展していたのである。

しかし当時の中央での藩閥政治は次第に、薩州の全盛時代から伊藤博文、井上馨らの長州政治家の手に移りつつあり、黒田長官の下に薩藩王国を誇った北海道も、同じ状態に置かれ、開拓使廃

最初の危機

止後の農学校は風雪十年、政府との妥協を得るまで、その存続のために闘争の道を歩まねばならなかった。というのは札幌農学校は開拓使によって設立されたが、クラーク博士によって自由民主主義風に育てあげられた「文明開化」の落し子であったからである。そしてよき理解者であった黒田長官の手を離れた札幌農学校は、今度は長州閥政府の攻撃の前にさらされることになった。すなわち明治五、六年以来、自由民権論者を主体とする政府反対派と苦闘し、それを鎮圧して明治十八年に勢力を確立した政府は、自由主義的な札幌農学校を異端視する傾向を持ち、財政整理をからませて非実用的であるとの理由で、学校の整理を企画するに至ったのである。

札幌農学校は極力抗争を避けて譲歩と妥協の道を求めつつ、その存続を闘ったのであった。しかし第一の危機は意外に早く現れた。すなわち明治十五年開拓使が廃されると、農学校は農商務省の所轄となった。開拓使の廃止にともなって北海道においては多数の学士を採用する力もなく、また社会でも農学校の将来を危んだのであろうか、入学志願者が非常に減ってしまった。

明治十九年北海道庁が新らたに設置されると札幌農学校はその管轄に移ったが、これと共に政府は廃校の手を着々と打ってきた。先ず授業の目的に必要ある以外の農園、土地、牛馬はことごとく取り上げられてしまい、ついで前年伊藤博文の命で北海道を巡視した金子大書記官の意見に基いて、札幌農学校の廃止を問題にした。その背後に薩長の対立的関係と、自由民主主義的な校風の嫌悪があった。財政削減の意味をふくめ、農学校の教育が

あまりに理論にとらわれていて、実際的な学問を軽蔑する傾向にあるから、廃止するがよいというのである。ところがこの時欧米留学から帰って来たばかりの一期生、佐藤昌介は、長官岩村通俊に面会して大いに農学校の使命と過去の成績とを述べ、その維持発展の必要性を説き、実学的でないということに対する妥協案として工学科とともに農業実科を加えることにし、農園を減らして経費の削減を行う案をたてた。佐藤昌介の熱意は遂に長官の心を動かした。札幌農学校の存置は決定し、この危機をどうやら切りぬけ、明治十九年十二月、晴れて札幌農学校官制が発布せられた。

この官制の実施につれて、創設以来極めて自由であった寮にもその影響が及んで、学生生活を監督する舎監制度が開始されることになり、クラーク博士来学以前の寮の状態にしだいに戻って行った。そこで、その後十四年間、学生は舎監制度の撤廃に努力を続けなければならなくなった。

しかし札幌農学校は、佐藤昌介の進言による工学科を翌二十年に設置し、その教授養成のために二期生の広井勇は直ちにドイツに派遣された。後日彼がエンジニアとして、貿易の伸びつつあった函館港改良工事、及び当時漸く開発されてきた道内陸の物資輸出港として意義を加えつつあった小樽港改良工事に心血を注いで、これを完成したことは、この工学科の設置が開拓史上いかに貢献したかを物語っている。

また農業実習生を集めたことは、北海道的洋式農法を農村にひろめる上に一役買ったのである。それればかりでなく、佐藤昌介は校有財産として大面積の土地を獲得した。後年の第二、第三、第四、第五、第六農場がこれである。

第二の危機

札幌農学校の管理をあずかった北海道庁は、教育の管理に経験がない上に、当時は内閣に直属していたので、官制の発布も文部省とは関係なしに行われた。

明治二十一年文部大臣森有礼が学制の大改革を決行した時、学校はすべて文部省の統制下に置いた。この時大学程度の学校でこの埒外にあったのは札幌農学校だけであったため、かなりの圧力が加えられた。この時北海道開拓のための特殊学校としての立場を認めさせるため、道庁は農学校に兵学科を置き、屯田兵幹部の養成に当ることにした。というのはその頃は内陸開拓の尖兵として屯田兵村が各地に配置されており、このために屯田兵幹部の養成は重要な意義を持っていたのである。しかし農学校の学則としては変則的なものであったので、二十二年森が死ぬとともに、兵学科は間もなく廃止となった。

政府のこのような方針で学生は動揺した。このためか明治二十五年十一月、北海道長官北垣国道は演武場（時計台）で、学生に次のような演説をした。

「札幌農学校は不必要だから、廃するとか、規模を縮少するという風説を最近耳に致します。この説の出所についてはよく分かりませんが、二十六年度予算の請求額より出たものでしょう。しかしこの風説は決して信ずるに足るものではありません。諸君は農学・工学にそれぞれ安心して勉強して下さい。私はもちろん北海道開拓植民の上から一日も欠かすことの出来ない札幌農学校を廃止するなどという意志は全くありません。かえって将来これを拡張させようとさえ考えているのです。本校の拡張は私の力だけで断行することは不可能で、政府、議会の協賛を必要といたしますが、しかし私は充分の努力を以て、誓ってわが国の教育上、また本道の拓地植民上最も必要な本校を拡張することに尽力する所存です。なお札幌農学校に関する訛言の主なものは、

一、札幌農学校出身者は北海道で事業に従事せず、内地府県に行く者が多い。二、札幌農学校は不生産的人物を出す。三、札幌農学校はキリスト教的学校で、その学生は多くこれに感化され、国家的観念の薄弱なこと。などで、これが世間から非難を受ける原因であります。しかし、この説は全く誤りであります。

一、第一の他府県に出かけた者があるといっても、多くの者は本道に残って直接間接に拓地植民事業の進歩を計っています。本校出身者が本道で事業を行うことは、最も望ましいところですが、内地他府県に行って、各自好む事業に従事しても私はいささかも遺憾に思いません。どこにあっても同じわが国農業の進歩を計り、事業の発展に尽す点に於て変りがないからです。私には諸君を束縛する気持はありません。

二、不生産的人物を出す云々については、私が実際の状況を調べたところによれば、本校出身の人びとは皆生産的な事業に従事している事を確認しました。(問題になったのは、三宅雪嶺とともに雑誌「日本及日本人」を出版し政府を攻撃した農学校卒業生志賀重昂らを指したのであろう)

三、キリスト教的学校で、学生の多くがこれに感化され、国家的観念が薄弱になるということの調査は困難であります。しかし宗教の自由は帝国憲法の明文によって許されたものであるから、如何なる宗教を信奉するも、あえて咎めるべきではありません。」

しかし長官の演説にもかかわらず、学生たちの心配は現実となった現れてきた。当時、森有礼によって学校令が発布されてから日本の教育制度はさらに強化され、教科書の内容も国定教科書として国家的色彩が注入され始めた。その方向は、明治二十三年の教育勅語によって明示された。また明治二十二年憲法の発布とともに信教の自由の保証が得られたが、神道は国家の保護の下に国教的な地位が与えられた。このような時代だから農学校のような性格の学校は、政府にとっては、ままこのような存在となった。

この頃のわが国の社会状勢は、近代産業の発展と国際市場の貧弱さとの解決のため、市場を海外に求め、大陸に進出し、また朝鮮に市場を開拓しようとしていた。清国との政治経済的対立は次第に強くなり、政府はこれに備えて軍備拡張に力をそそいだ。軍備予算が増加し、相対的に他の予算の削減の兆しがみられたが、この一連の財政整理問題にからんで農学校の存廃が三度問題となった。そして内務卿井上馨が二十六年に来道、巡視によって廃校の運命が現実化してきた。

佐藤昌介の努力

かつて玄武丸船上で、黒田長官とクラーク博士が争つた問題が、再度、ここで燃えたのである。博士に代って国家主義的な画一的実用的な教育を要求する新政府の前に立ち向かったのは十五年前に博士の教えを受けた一期生であった。というのは明治二十七年に佐藤昌介が農学校長に任命されたからである。十五年前北海道の地にまかれた一粒の麦の種はいま此処に結実したといってよい。校長になった彼は先ず経済的な問題を解決するために、札幌農学校同窓会が持っていた土地財産を学校に寄付し、特別会計法の適用を受けるようにした。その上黒田逓信大臣らの支援を得て、経費の上から土木工学科を廃止することでこの問題を妥決した。しかし二十六年から農学校予算は極度にきりつめられ、開学以来多数いた外人教師は、この年をもってすべて解職された。文部省直轄外にあって独自の経営を行うことが不可能な立場に追いつめられたとさとった彼は、二十八年文部省管下に自ら屈して、それによって以後存続の安全を保ち得たのである。

一期生二期生の努力

明治二十八年四月一日文部省に移管されてからも、予科五年、本科四年、その上農科と工科を有する農学校の教授陣は、わずか六名に減らされてしまつた。しかし幸なことに教授陣には一期生二期生の俊才が多く、事実六名の定員の内、五名までが彼等であった。農学科に佐藤昌介（工学科教授並びに校長兼務）、宮部金吾、新渡戸稲造（予科教授兼務）、南鷹二郎、工学科の広井勇らである。彼らは経済的な不安にもめげず、定員の減少によるしわよせも甘んじて受け、予科・本科を兼任して、一人最低一週十三時間から最高二十四時間の授業を担っていた。現在から見ると大学教授としては信じられない位の多い授業を行っていたものである。そればかりかクラーク博士が行ったように、夜は学生と膝を交えて大いに語り、学生に初期の札幌農学校の気風を叩き込んだのである。

学校がこのような状態であっても、その良い所を失わないで行けたのは、ひとえに彼等の努力に依るものと思われる。

二十九年、政府は日清戦争によって大いに実業教育の必要を認めたためか、専ら実地応用の専門の学問を尊び予科五年、本科四年の農学校の学科程度が高過ぎるとして、予科の廃止を命じてきた。しかし教授陣の努力によって予科を三年に短縮し、中学卒業後、予科三年、本科四年の課程をふんで農学士の称号を得る後の帝国大学と同程度に落ち着いたのである。しかも工学科の廃止は二十八年に本決りとなったが、これも彼等の努力により三十年から専門学校程度の土木工学科として存続することになった。

自由の気風

このような先輩たちの熱意は学生を感動させずにはおかなかった。学校が経済上の種々の原因のため、不安定な不利な状態に置かれているにもかかわらず、学生は互いに自重し、クラーク博士のビー・ジェントルマンから出発した自治と自由の意気と、自由民権の思想が培われていった。当時の農学校の生徒中で、在学中土地の払下げを受け農場を経営するものが多く出たり、学生の発行した諸雑誌が文学的思想的活動を通じて北海道に於ける指導的役割をはたしたり、中等学校、夜学校に対して学生が啓蒙的役割をはたしたりしたことはすべて、そこから生れたパイオニア・スピリットの現れと見ることが出来る。一方学内に於ても寄宿舎の自治を望む声はますます高く、その運動によって三十二年に至って学生の完全な自治にゆだねられるようになった。

学生は学校から完全に一個の紳士として取り扱われるようになり明治四十年二月から学生、生徒の保証人制度が廃止となった。今までは、学生は、入学には保証人を選び、その責任に於て生活していたが、これ以後は学生自身の責任に於いて生活を営むようになったのである。この制度は今日でも北海道大学にひきつがれている。

校舎・寄宿舎の移転

明治十年にはわずか人口三千に過ぎなかった札幌も、明治三十年には約三万に達した。狐狸がかけ、うっそうと樹木の茂っていた札幌の市街も、何時の間にか殷賑を極めてきた。ことに中央を東西に貫ぬく大通りから南は最も繁華となり、そして南から北へあふれ出した商店街は、やがて学校の敷地の周囲を取りかこみはじめた。当時の記録によると、

「校舎街路と接し、門を出れば菓子店あり、宿舎あり、裁縫師あり、靴師あり、車輪の声は管絃糸竹の声と和し、校童門に戯れ、狂犬柵に叫び、紅塵濛々として明窓常に暗く、曾って恵庭、藻岩の山影を掬して大いに正気を鼓舞せし校舎、憐れむべし、札幌市街の中心となりて、紛雑忙雑の裡に葬られんとせしは、蓋し亦已むを得ざるものと謂うべし。」とある。

元来学校及び寄宿舎の敷地は、外国のカレッヂ・タウンに見るように、勉めて繁華の地から、遠ざかろうとする傾向をもつものである。ましてその研究の対象が農学である農学校の敷地として、この位置が不適当となって

来たのも当然である。その上二十数年前に建てられた校舎や寄宿舎は狭く、また古くなっていた。学校としても近くに火災が起った場合、貴重な標本、器具を焼く恐れがあり、また北海道唯一の大学としてこれではふさわしくないという点、市街の繁栄の障害になる点も考えて、明治三十一年には校舎、寄宿舎の移転が協議され、札幌市北八条の現在の位置、すなわち当時の附属農場内に移転することに決定した。当時の附属第一農場は「牛馬の樹蔭に憩い、鵝鳥の水辺に啄み、麦浪黄雲、千町一望の良田は実に北天の楽土にして、覚えず旅人の足を止めしむ」るものがあった。

新校舎の工事は、明治三十二年にはじまり、三十六年七月三十日に落成した。校舎は七棟から成り、農学教室を一番奥に、その右手には動植物学教室、大講堂、農経農政学教室、左手には農芸化学教室、図書館、昆虫養蚕学教室とならび、白堊の建築であって、校庭は広く、緑したたる芝生の上に老成したエルムの大樹が枝を交え、清爽の気はあたりに立ちこめていた。

現在の農学部は大ビルディングと変容したが、農経、農政学教室は教養学部第一講堂として、昆虫養蚕学教室は同じく第三講堂として、また図書館はなお今日も中央図書館として緑の芝生に白い影を映している。また寄宿舎は少しおくれて明治三十八年四月、その外装も新しく今の理学部前、現在の低温科学研究所のある場所に新築をみた。

二　ひびきわたる鐘の音

当時の学生生活を明治三十一年発行の学生の手になる「札幌農学校」からひろってみよう。当時の寄宿舎は現在の時計台の隣りにあった。夕日が藻岩の山を染める頃になると、舎生の多くは豊平川の堤に出て逍遥し、特に春の晴れた日などは円山まで散歩したものである。

時計台をめぐる春秋

半年にもわたる北海道の長い冬が去るころには、二学期の試験も終り、円山には桜が咲く。爛漫たる春の陽射しに歓喜の叫びを挙げたくなるのも当然な話である。毎年五月十八日には有名な「遊戯会」が開かれる。これは今の小学校で行っている運動会のようなものであるが、アスレティック・スポーツをわが国にはじめて取り入れて行ったもので（明治十一年）この意味で意義深いものである。当時は札幌神社祭とともに、市民の待望の的の二大催物の一つであった。競技には百ヤード、二百ヤード、四分の一マイル、半マイル、一マイル競走、幅飛、高飛、棒高飛、背面競走、ハンマー投げ、障害物競争、芋拾い、牧草にない、堤燈競争、パン食い競争、それに仮装行列もふくまれ、全く、今日の運動会とほとんど変らぬものであった。その前夜は寄宿舎食堂の大広間に各教授、及びその家族を招き、家庭的な親睦会を催して一夜を楽しく過すのを例としていた。この会は全く学生の自主的組織によって、学生、教授が経費を負担して開催したものであった。

その日は来賓も多数詰めかけ、札幌市民、小学生、中学生までが押し寄せ、ともに競技に加わり、はては白髪の老人、西洋人に至るまで先を争って走ったりした。学生もその日一日は子供にかえって、奇妙な仮装行列に興じた。学校の年中行事というよりは、札幌の年中行事の一つといった方がぴったりする催しであった。

学生の間にはスポーツが盛んだった。当時横浜の外人の間にしか行われていなかった野球は、明治十四、五年頃から農学校の外人教師によってはじめられた。これはわが国の学校で行われた野球の最初であったようだ。試合は放課後、時計台の前の校庭で行われ、硬球を使用し、ルールも現在と変らなかった。英国式の蹴球も行っていた。

遊戯会がすむと夏を迎える。この時期になると植物採集、動物採集、地質研究と、それぞれ全道にわたって活動をはじめる。これがおわるといよいよ終業大試験を受けて、卒業式が演武場で行われる。在学生には、二ヵ月の暑中休暇がある。この期間に三年目学生には学校から旅費が支給されて、卒業論文のために研究や調査に出かける夏期修学旅行が行われた。

夏休が終り新学期を迎えるとすでに秋の風が吹く頃になっている。この北国の秋はすさまじいまでに厳粛で、若者の胸に深い感銘を与えずにはおかない。大平原を悠々と流れる石狩川に鮭があふれ、山には葡萄が実る。その頃、大遠足会が催される。学生ばかりでなく、上は校長、下は給仕、小使に至るまで揃って出かける。

「途中に小丘の断層があると地質の教授はその地質の状態を語り、蔬菜栽培の場所では農学の教授がその発育施肥を説明し、あるいは移住民の近況を聞く農経の学生ありで、その行く所、物に触れ時に応じて実地の講義をした。部落の人びとは大いに彼等を歓迎した。目的地に着いた一同は、豚をつぶして昼食をとり師弟ともに同じ鍋をつついた。この行事は一年に一回であったが、師弟の親密はいや増して和やかな雰囲気を作りあげた。このような美風のある大学が、札幌農学校以外にあるであろうか。」と当時の記録に述べている。

十月の下旬にもなると、手稲の山山に白雪が訪れ、強い北西の風が吹きすさび、試錬の時期である冬がやって来る。雪の五ヵ月は読書に耽けり、学問に身を委ねる時である。赤赤と燃えるストーブを囲んで、物語に議論に耽けるのは、一度北国に冬を送った者にとって忘れ難い思い出となる。この冬の間に、学生は師の所に頻繁に通う。訪問すれば直ちに暖い書斎へ通され、教室の威厳に満ちた教授には見られない打ち解けた人間性に接する。師弟間だけでなく、本科生、予科生、農科生はこの期間にお互いの交友を深める。いろいろな会もこの期間が一つの頂点となって盛大に行われた。

冬の娯楽としてスキーとスケートがある。スキーは当時まだ今のように進歩したものでなく、尻にむしろを敷いて滑るだけであった。このスキーともいえぬようなもので、雪中手稲山登山を行ったものである。スケートは竹製で草履の裏に取り付けて氷結した豊平川で滑ったものだった。現今のようなスケートは新渡戸稲造教授が外国から持ち帰って、急速に普及するようになった。

スポーツだけでなく、開識社を中心にして文芸活動もしだいに盛んになっていった。明治二十五年四月には学芸会が誕生し、その機関雑誌「蕙林《けいりん》」を発行した。「蕙林」は札幌農学校時代の北海道の事情や、学生生活を偲ぶ好個の文献である。間もなくこれは「学芸会雑誌」となった。一方遊戯会は回を重ねること二十、明治三十四年秋に至って学芸会に合流して、初めて全学的団体たる「文武会」となり、全学一団となった親睦団体として、その後益々発展するに至るのである。三十四年は札幌農学校創立二十五周年にあたる。「智育徳育体育の平衡達成」をモットーとしたクラーク博士の意図はここに具体化されるのである。

時計台と火事

ある日の昼さがり、寄宿舎の附近に火事が起った。半鐘の音に驚いた学生達が駈けつけ、寄宿生の一人が運び出した荷物の見張りをして、他の者は消火に努めた。そこへ駈けつけた憲兵は非常線を張り生徒を邪魔物扱いにして線外へ出そうとした。憲兵は「出ろ」と叫んだ。しかし、早くから消防に努めていた学生にしてみれば、愉快でない。乱暴なことばを吐かれたのでは、なおさら承知出来ない。憲兵は多少酔っていたが、気の高ぶっていた学生が集ってきて撲りつけた。そこへまた正服の憲兵がやってきてついに大乱闘となった。だが、学生の方が多数だった。剣を折ったり、殴ったりしたらしい。校長代理であった新渡戸稲造が飛び込んで来て、「君たちは学生の本分を忘れたか。」と叫んだが、学生達は「僕たちは学生の本分を忘れないからこうしていたんだ。」といって譲らない。押問答の間に憲兵大尉は部下をまとめて退却してしまった。だが憲兵は直ちに報復の手を打って来た。つまり暴行犯で学生の主だった者を検束しようとしたのである。警察署長は「これは感情問題だから新渡戸先生が詫びればよい。」と忠告してくれたが、新渡戸先生は「自分は詫びる理由がないから詫びない。しかし憲兵司令と話し合えば判るだろう。」といい、生徒には「自分の職を賭しても君たちの有利なように計る積りだ。一切を私に任かして貰いたい。」といった。先生は憲兵司令と話合った結果、一名の検束者も出さないで済ませた。当時はたびたび火事があったらしく、二十五年の大火の時、時計台に火がつきそうになったので、人はしごで未然に防ぎ時計台を守ったという話もある。（恵廸寮史より）

また火事については当時の面白い伝説がある。札幌大火の時に時計台に火がつきそうになったのを見て、そこここに登った学生が一斉に小便を発射、飛び火を消し止めたというのである。後年の恵迪寮にある「寮雨」というものはまだ発生せず「窓ション」を行うというような男もいなかった当時であるが、「寮雨」の芽ばえというのも、案外こんなところにあるのかも知れない。

学生の気風　当時の学生は「多く樸直を解せずして樸直に、質素を知らずして質素に而して又剛毅に、此等気質の表現は以て破衣弊袴粗服の外貌」を示した。しかもそれはごく自然であって、故意にやるようなことはなかった。一般に彼等は「社会的小才、交際家、また武骨を装う白袴奇帽兼聳肩切風者」ではなくて真面目な学生が多かった。学生の質素、剛毅等の風貌は確かにクラーク博士の遺風の一つであろう。

松村松年は学生の気風を次のように述べている。「当時札幌へ来るような学生は、既に進取の気に富み、なかなかアンビシャスであった。札幌農学校には開校当時から一種の校風というか、因襲というか何か個有のものがあったようだ。だから札幌農学校の卒業生には精神的にも、風采的にも何か共通のものがあった。僕は先年、ジュネーヴに行った時、新渡戸先生の紹介でスミスという人のところへ行って、蝶の標本を見たことがあった。その時主人は、君は余程新渡戸氏に似たところがある。その話ぐあいや挙動がよく似ているといった。同じようなことを台湾へ行った時にも聞かされた。僕はその当時、新渡戸先生に六年間弟子として教わったので、知らず知らずの間に見習ったのかも知れない。ボーイズ・ビー・アンビシャスが見識を高め人格を傷けないような校風を作り上げたのではあるまいか。」と。

農学校は対外的にも絶えず有意義な活動を続けていた。すなわち市民に教授の講話を公開する夏期講習会、石狩川大氾濫に対する救援隊組織及び石狩川治水研究、東北地方の大饑饉に対する援助など、社会の出来事に対して、学生は時宜を得た行動を得ようと努めた。

第二編　都ぞ弥生

——帝国大学時代——

一九〇七（明四〇）	札幌農学校を東北帝国大学農科大学と改称	
一九〇八	黒百合会生る	
一九一二	「都ぞ弥生」生る	
一九一四		世界大戦参戦
一九一八（大正七）	東北帝国大学農科大学を北海道帝国大学農科大学とす 土木専門部設置 水産専門部設置	米騒動起る
一九一九（大八）	農学部、医学部設置さる	世界大戦講和条約に調印
一九二一	附属病院本館新築落成	
一九二二（大一一）	医学部発足 附属図書館設置さる	ワシントン軍縮条約に調印
	恵廸寮記念祭始る 札幌シンフォニー結成	
一九二三		関東大震災
一九二四（大一三）	工学部設置さる 文武会オーケストラ結成	
一九二六（大一五）	開学五十周年記念祭 クラーク像建立	
一九二七		金融恐慌起る
一九二八	北大ストライキ事件	
一九三〇	理学部設置さる 佐藤総長の勇退 弾圧学生の検挙	ロンドン軍縮会議調印

第一章　帝国大学への変貌

一　なぜ帝国大学が作りあげられたか

「札幌農学校」の世論啓発

明治三十一年、学生の手で編集された「札幌農学校」という小冊子が出版されたが、これは札幌農学校の沿革、校風を述べ、札幌に遊学する青年の伴侶にしようという意図がふくまれた、立派な内容のものであった。これは好評を得て、三版が出された。この冊子中の一文「北海道帝国大学を設立する必要を論ず」は、広く一般に「札幌農学校を帝国大学へ」という与論を喚起した。

その要旨は次のようなものである。

「有機体である社会は、生物進化の原則によって進化し止るところを知らず、十九世紀文明は頂点をきわめた。しかしこれを別の面からみると、個人の自由の渇望にはじまり、国際的生存競争に終ったといっても過言ではない。今二十世紀の訪れとともに、文明も新しい舞台に立たねばならない。しかも文明活動は平和的な生存競争でなければならぬのに互いに武器をとって相争い、人類から戦争を防止することが出来なかった。そればかりか強国は暴威を揮い、弱小国を塗炭の苦しみに追いつめつつも、世界平和を口にして憚からない。世界の大勢がこのようであっては、ひとりわが国ばかり手をつかねていることは出来ない……北海道は地理的にも軍備の上からも、急速に開発されなければならない。道内の材木、鉱物、米穀は、重要な富源であるが、今までのような開発のやり方では間に合わなくなってきている。

これに対する積極的解決策として、教育問題を検討しなければならぬ。北海道に於いて高等教育の必要はない、北海道の開発には東京大学で育成したものを当てればよい、という意見があるが、これは植民の何たるかを知らぬ人の言である。北海道開発のような困難な事業は、内地人の考えるような甘いものではなく、不屈不撓のパイオニア・スピリットが必要なのである。北海道の気候風土に培われ、この土地にある大学で、この土地に適した学術を身につけた人材が必要なのである……。

北海道にも大学が必要である。広大な原野は、拓植とその経営管理にあたる多くの技術者と、学識ある人材の育成を望んでいる。北海道の雄渾な自然環境は、そこに学ぶ者に多大の影響を与えずには置くまい。札幌農学校は大学に値する充分の資格を持っている。巨大な基本財産と広大な敷地を有し、十年後には充分経済の独立を期すことが出来る。

北海道拓植のために帝国大学を設けたとすれば、これは独り北海道のみならず、日本全体に、否、広く世界を益し、将来の東西文明史に影響を与えるであろう。教育の中心地は必ずしも政治の中心と一致しない。欧米諸国の有名な大学は、却って辺鄙の地に多いのをみても明らかである。北海道は実に学問の地である。二十世紀の半ばに至らぬ間に、東洋の北極星として学術の効果を東西に分け与えるであろう……」

このような彼等のアンビションは、大いに与論を動かした。明治三十四年には、北海道の有志七百二十六名の請願となって現われ、三十五年には多数の有志が大学設置運動に上京した。そのためか教授定員は十四名に増加され、新校舎、新寄宿舎の新築移転が行われて、帝国大学の基盤はますます堅くなって行った。二十五年間の長い間、学園から姿を消していた外人教師が来学したのもこの頃である。

帝国大学は、明治十九年、帝国大学令が公布されて東京大学が直ちに帝国大学になった時にはじまる。

当時は内閣制の施行とともに、封建制の過渡的政治体制が一掃されて、近代資本主義に向う転換期であった。その意味で明治維新の完成期であると考えてよいであろう。

従って政府、特に伊藤博文と森有礼は、立憲政治を前にして官僚陣営の強化のために、大学制度特に官立としての組織を確立しておくことが必要だと考えた。私立大学では政党の目的物となり、彼等の目的に合致しない恐れがあるからだった。帝国大学が官学主義をとったのは、当然のことである。しかし政府直属の下にあっては、学問の独立性が失われる恐れがあるというので、明治二十六年、大学令の改正によって、評議会の権限を拡張し、教授会の規定が加えられて、自治機関となった。教授の任免も次第に教授会の同意を必要とするようになり、大学の自治は強められて行った。

東北帝大農科大学へ

明治三十五年に京都帝国大学が新設されたが、同時に、札幌農学校を帝国大学にという与論が強くなった。しかし道民あげての運動にもかかわらず、新たな帝国大学は、仙台に設けられることになり、札幌農学校はようやく四十年六月二十二日、東北帝大農科大学と改称された。学制も変更されて、四年制の本科は三年制に、予科は一年延ばして三年制となり、農学実科、土木工学科、林学科、水産学科が本科に附属されることとなった。佐藤昌介が留任して初代学長となった。開校以来三十一年目にはじめて帝国大学の列にはいったのである。これは日露戦争後の国家の要求によるものだが、男爵古河虎之助が九州、東北両帝大設立費として、百余万円を寄付したことも与って力となったのである。現在、農芸化学講堂入口の扉に、また教養部本部の煉瓦庫の壁などに「古河」の模様文字が見受けられるのは、当時の記念である。

東北帝大と冠されていたが、その歴史に於いても、その学風に於いても、一つの独立の大学であった農科大学は、その後も着々と独自の歴史を歩み、大正二年には学科の選択を学生の自由とし、ただ必修時間数の最少限度を規定するに止め、学生に対して就学上の自由を拡大した。これは北大の学制上の一大改革であり、このように学生に対して自学的に遇する制度の先鞭をつけたものである。それまで、学生は各学科所定の科目を一様に課せられていたが、学生の負担を考えて、自主的選択と自修研究に重点を置いたのである。その結果、学級試験制度を廃して科目試験制度に改め、一科目に不合格点を得ても落第させることなく仮進級を許し、特別試験による進級の道を開いた。然し各学科目の成績に一層重きを置いたため、従来の五十点以上合格を六十点以上に高めた。この撰択制によって、翌大正三年には、予科の授業に人文科学の充実が行われた。

北海道帝国大学へ

一時おさまったように見えた北海道帝大設置問題は、東北帝大が既存の理科大学に新らたに医科大学を加える気運が高まるとともに再び燃え上った。大正三年十一月二十七日の北海タイムスの社説は次のように述べている。

「東北帝国大学の一分科である農科大学は、その沿革からいっても、その校風気風を見ても、また設備の完備し、資材の豊富な点から考えても独立して北海道帝国大学となってよい。これには何人も異論がなかろう。札幌農学校が東北帝大の一分科となった時、東北帝大そのものの基礎として必要だったからである。……北海道帝国大学開設は天下の公論であるが、このような大事業は、文部省と学校当局だけに任せておくべきではない。……われわれは取りあえず明年九月に農科大学の分離独立を提唱したい。これとともに北海道帝国大学を創設し、少くとも大正七年即ち開道五十周年までには、理科、工科もしくは医科または法科、文科、一乃至二科をふやしてその形態、実質ともに天晴れ北海道帝国大学の名に背かぬよう期待する……」

問題は次第に具体化して来た。大正五年八月、全道記者会議では北海道総合大学の設置が満場一致で可決され、長官、札幌区長、農科大学関係者、その他一般道民の猛運動となり、遂に文部省もこれを容れることになった。増設の分科大学として、最初は理科系説に傾いていたが、間もなく医科大学説が強くなり、その計画が進められた。これは改築の必要が迫っていた区立札幌病院を大学附属病院に改めることが一番の早道であると考えられたからである。これは後に立ち消えとなったが、新開の土地の医療衛生の必要性が医科大学設立の気風を促がした。すなわち農科大学所有地の売却の外、札幌区及び地方費の寄附を得、足りないところは民間有志の寄附を受け大正六年、国費二百十九万円を加えて三百五十万円の予算で医学部が創設されることになった。

帝国主義戦争の前夜にあった欧州の緊張は、大正三年（一九一四年）にセルビア人の一発の銃声によって遂に爆発し、世界は以後五年間、戦火に巻き込まれた。日本も英国との関係から参戦したが、政治的にも、軍事的にもなすところ極めて少なく、得るところ極めて多かった。そればかりでなく尨大な軍需物資の注文が殺到し、日本経済は時ならぬ利潤にうるおった。新しい企業が相ついで起り、資本主義は飛躍的発展を示した。

先に外交上、経済上わが国が東洋に進出した日露戦争直後、東北帝大及び九州帝大を新設した政府は、今世界大戦の余波を受け世界の経済、政治面に進出して、再び北海道の地に帝国大学を設立したのである。このように戦争と帝大の設立が相接して起っているのは決して偶然ではなく、帝大の設立が帝国主義国家の発展の一つのメルクマールであると考えられる。

北海道帝国大学設立にはこの政府の意図の他に今一つ注目すべきことがある。というのは設立予算の内約五十万円の一般寄附が三井、住友、古川、岩崎各男爵、藤原銀次郎らの財閥によって苦もなく集まったということである。これから見ても第一次大戦を通じて明らかに資本の集中があり、高度の独占形態が達成されていたことを裏づけている。

こうして内面的なもり上りと外面的な必然性が相まって、大正七年三月三十日、北海道帝国大学が札幌農学校創立四十二年目に成立をみた。東北帝大農科大学は、新設の医学部とともに農学部となり、佐藤昌介学長は総長となり、南鷹次郎は農学部長に任ぜられた。

理科系の大学としての道を歩んで来た北大であるが、決して文科系の学部の設立を怠ったわけではなく、その必要は絶えず強調されていた。このことは佐藤総長が北大の拡張を、将来の抱負として述べた中にもうかがわれる。

「大学は基礎的原理を研究するところの理科とともに、社会的現象を考究して文物制度に及ぼすところの法文諸科を備えることが必要である。大学はこれらの諸科を併置して、応用の諸科がますますその効力を発揮することができるのである。本学は即ちこれらの諸科を備える希望と抱負とをもつて邁進し、その実現の一日も早いことを期待してやまない。」

しかしその実現は、第二次世界大戦終結まで待たなければならなかった。

二　「都ぞ弥生」の誕生

恵迪寮の誕生

明治三十八年四月、国を挙げてまだ奉天大会戦勝利の喜びに酔いしれていた頃、寄宿舎二棟は移転改築のため約二年間の閉鎖の後、再び開舎の運びに至った。場所は現理学部の前、大学の校舎から東北に一丁余のところであった。舎窓からはエルムの梢を通して遥かに手稲連山を望み、北方を流れる小川の畔には水芭蕉の白い花が揺れ、静かに想いを練るに格好の場所であった。その後この寮は昭和六年現在の所に移るまで続いた。この新寮舎に移ってから、今日行われている寮生活を特徴づける種々の慣習や、年中行事等が生れた。従って伝統の札幌農学校的校風の上に、さらにアルファが加わり、新しい寮風が打ちたてられたのは、この寄宿舎以来であるといえよう。

この新寮の名称「恵迪」は、明治四十年予科の湘香新居敦二郎先生の命名によるものである。これは書経の大禹謨に「禹日、恵迪吉、従逆凶、惟影響」とあるのによったもので「迪《ミチ》に恵《シタガ》えば吉《ヨ》し」という意味である。またこれと同じく最初の寮歌の募集が行われた。明治四十年の寮歌「一帯ゆるき」がこれである。以来幾星霜、寮歌の作成は年中行事の一つとなり、今日に及んでいる。その多くが美わしい北海道の自然を詠っているのは、自然が如何に彼等の純真な心に感激を与えたかを物語るものであろう。他校の寮歌に往々にしてみられがちな立身出世主義のにおいが見当らないのも、このためであろう。

新寮に移ったばかりの頃は、舎監に類するものはなく、代りに寄宿舎係なるものがあった。これは若い助教授（多くは寮の先輩）一名で、常に寮生と起居を共にし、兄の如くしたわれていた。寄宿舎係に明治三十八年以来幾多の先生が就任されたが、中でも米国帰朝早々の森本厚吉、有島武郎など殊に大きな影響を与えた。有島武郎は明治四十一年三月から十月まで寮にいた。そして、退舎後、大正四年三月札幌を去ったが、文学愛好の寮生は勿論のこと一般の学生にまで深い感化を与えた。彼のこの寮に対する深い思い出は、その作品中に少なからず見出される。予科の溝渕教授は、よく寮に来ては寮生を誘い遠くまで散歩した。当時の先輩の話によれば、その寮生の多くは室内的な趣味だったので溝渕教授は「札幌の学生はどうも引っ込み思案で困る。もっと野外に出て運動せよ」といって日曜毎に朝早く来て、各部屋を起して回り、郊外へ引っぱって行ったものだそうだ。新寮に移ってからも寮の食事は業者の請負制であったが、何かと問題がおこり、また不正もあったので、七名の賄委員を選んで、三十九年の六月一日から独特の自炊制度が開始された。

即ち委員は学業の余暇に商人との交渉から、毎日の面倒臭い献立、炊事場の管理、監督、更に煩雑な会計にいたるまでやったのである。

この自炊制度によって寮は、かつてみなかった円滑さで運営されるようになり、大正七年頃まで札幌農学校時代と変りない寮生活の爛熟期がつづいた。

「都ぞ弥生」

東京に生れ、東京の中学校をおえた横山芳介が、津軽の海を渡ってはるばる札幌に着いたのは明治四十三年の九月であった。彼ははじめて見る札幌の景色にいたく心を打たれ、夕焼空に長く尾をひく手稲のシルエットに、果しなく拡がる石狩の野に、風にふるえるエルムの梢に深い感傷の眼を向け、壮大な自然の前に全くぼう然としてしまった。牧柵によりかかって地平に影を没する「かりがね」の姿にわれを忘れ、芝生に伏しては風にささやくエルムの声に聞きいった。

当時の構内は今の農学部以北が全部農場で、コーン実り牧草茂り、家畜家禽は水辺に遊び、真に農園楽土の観があった。農場のバーンの鐘（エルムの鐘で今も毎日鳴りひびいている）が渋い音を四方に鳴りひびかせている

頃、原始林の彼方を眺めて瞑想している先輩有島武郎の姿も時にみられた。（手島寅雄の文より）

東京の生活に比して、このエルムの青い茂みはどんなに横山芳介の胸に清純な思いを抱かせたことだろう。彼は手稲のたそがれを告げるバーンの鐘の音にも気づかず牧場を彷徨うことも往々であった。そのせいか彼はとうとう、予科を一年どっぺる結果となった。また同じ頃赤木顕次も彼と同様、夢見るような月日を過してどっぺりであったが、この赤木顕次こそ北大寮歌「都ぞ弥生」の作曲者であり、横山芳介はその生みの親なのである。

都ぞ弥生の雲紫に
花の香漂う宴遊《うたげ》の莚《むしろ》
尽きせぬ奢に濃き紅や
その春暮れては移ろう色の
夢こそ一時青き繁みに
燃えなんわが胸想いを載せて
星影冴やかに光れる北を
人の世の
清き国ぞとあこがれぬ

豊かに稔れる石狩の野に

雁《かりがね》はるばる沈みて行けば
羊群声なく牧舎に帰り
手稲の 嶺《いただき》黄昏《たそがれ》こめぬ
雄々しく聳ゆる楡《エルム》の梢
打振る野分に破壊《はえ》の葉音の
さやめく甍《いらか》に久遠の光
おごそかに
北極星を仰ぐかな

寒月懸れる針葉樹林
橇の音凍りて物皆寒く
野もせに乱れる清白の雪
沈黙《しじま》の暁霏々として舞う
ああその朔風飇《ひょう》々として
荒《すさぶ》る吹雪の逆まくをみよ
ああその蒼空梢聯ねて
樹氷咲く

壮麗の地をここに見よ

牧場の若草陽炎燃えて
森には桂の新緑萠《きざ》し
雲ゆく雲雀に延齢草の
真白の花影さゆらぎて立つ
今こそ溢れぬ清和の光
小河の潯《ほとり》をさまよいゆけば
美しからずや咲く水芭蕉
春の日の
この北の国幸多し

朝雲流れて金色に照り
平原果てなき東の際
連なる山脈《やまなみ》玲瓏として
今しも輝く紫紺の雪に
自然の芸術《たくみ》を懐しみつつ

高鳴る血潮のほとばしりもて
貴き野心の訓へ培い
栄えゆく
我等が寮を誇らずや

（四十五年寮歌　都ぞ弥生）

この「都ぞ弥生」は北海道の自然を実にみごとに詠いこみ、多感な若人の心情が余すところなくのべられている。この寮歌がどうして生れたか、なぜ他の寮歌以上に、歌われるようになったかを考えてみよう。

自然の影響　米国の大学中、農科及び工科で最も特色をもち、大学街として有数な、イサカのコーネル大学は、その自然に恵まれている点でもアメリカ随一であるといわれている。「イサカにある二つの湖は五人の優秀な大学教授が与えるより以上のものを学生に与えている。」と、古くからコーネル大学にはこのような言伝えが残っている。雄大な美しい大自然の懐に抱かれての学生生活は、多感な若人にとって幾多の感化を与えずにはおかない。偉大な思想は常にこの静寂の大自然から生れ、あるいは悩める者に多くの慰みを与え、あるいは意志の試錬を与えるものである。札幌の自然は誠に雄渾しかも静寂である。「札幌農学校」の書によると「石狩の大平原は人に寛容の気を起させ、その地理的視野の広さは気宇を大にさせ、且つ悠宏にさせ、能く人を容れ、広き事の為に事を為し、真理を愛するようにする。ここに学び、ここでその偉大な景観に沐浴するものは、其の志気を天地の深遠にはせ、宇宙の為に真理の為事を期することができる。しかし平原のややもすれば単調に流れ、往々無為に走って気骨を欠き、実際に走って理想に欠ける欠点は、札幌の変化ある大自然が救っている。即ち西の一帯に手稲の山々がえんえんとしてそびえて、俊颯の気風を以って人にせまって来ているからである。しかも札幌は特殊な清楚、閑寂、跌宕をそなえている。牧草が一面に茂り、その間に巨大なエルムが清蔭をなし、その下に憩う牛羊は此所に一群、彼所に一群と草をはんでいる。ゲーテは閑寂は智恵を生ずるといった。健全な思想が、喧噪の中で培われんとすることは、あたかも木に登って魚を求めるよりも難しいことであろう。

これが世界の大学が都会を離れて僻地にある由縁である。札幌は静寂である。札幌は四囲に限りなき広野を抱いており、しかも人生の生存競争は実に緩かで、このような所では頭脳が騒擾にそこなわれることは絶対にないといってよい。しかし自然に甘やかされているだけではない。丈余の雪に、積雪を吹きとばす烈風に、吹雪にも何物にも耐えうる精神を作りあげるべく大自然は厳しい。しかもそこには何の因習もない。因循は風をなし、姑息は俗をなす。札幌こそこの雄渾絶偉の風気を享け、世界の進歩のパイオニアたることができるのである。」

と大自然と学問との関係について論じている。また北海道の雄大な自然を世に紹介した有島武郎は「何処かで雲雀の鳴く声がする。すぐ思い出すのは Shelley である。Shelley を思い出せば、連想せずにいられないのは札幌の牧場である。」如何に札幌の自然が、武郎の魂の中に強く印象づけられていたかがわかる。

内的な原因　北海道大学の学生には、全国各地からやってくるものが大へん多い。彼等は北海道の大自然に憧れて、アンビションをしたってやってくる。しかし来た当座は、この今までとは全くことなった自然に、いささか驚いてしまうらしい。

「私は明治四十年の九月に入学した。北大は校舎が牧草畑、大きなエルムの中にあるだけで、実に寂しい所だった。周囲が寂しかったし、時は秋だったし、私はその頃まだ十七の少年で自然美を味うことができなかったし遠方へ遊学するのは始めてだったので、ただ寂しさに襲われるだけ、すぐホームシックになってしまった。一体私が札幌に来たのは、アンビシャスに憧れて植民主にでもなる積りだったが、そんな野心はいつの間にか消し飛んでしまった。しかしこれは私だけではない。皆がホームシックにかかっていた。これはやはり〝寂しい〟ことが大きな原因だったのだと思う。ワイルドな自然、親しむことの出来ない自然におどろかされ、人間を慕う寂しさであったと思う。しかも街にでたところで、誰も知った人がいるわけではない。こんなわけで寮生は皆暖かい心で交って互いに慰め合った。しかし、一方ではワイルドな自然になれてくると、多くはそれに動かされるようになって来る。ある者は文学に、あるものは思索に、またある者は信仰に耽けるようになる。それは特に恵廸寮にのこっていた札幌農学校の遺風というものや、ホームシックにかかって、感傷的になっていたことも原因であろうが、少くとも私の経験からいうと、自然の感化が一番大きかったと思う。」

この寮生の一文は、札幌へ進学した少年の心持を、よく説明している。このような気持でいる寮生の耳にひびく「都ぞ弥生」は深い感動をあたえ、自然に対する目をひらかせ、親しみを感じさせるに十分なものを持っている。

自然に親しみ、自然に甘え、「都ぞ弥生」を高吟しては、そのロマンチシズムに感激しながら彼等は歌に酔い自然に酔い、自由な学風に酔うのである。彼等の生活は極端な理想主義、人格主義、自由主義であり、まず自己を煉磨することに熱中する。

予科生の気風

その予科生気質を、明治四十三年、東北帝大農科大学文武会編の「東北帝国大学農科大学」の一項から引用してみよう。

「まずわれら三百の予科生徒は、日本全国から集められたということである。これは札幌農学校時代から本学の特色であった。北は北海道から南は琉球に至るほとんどの各地の青年がいる。北海の敢為、東北の剛毅、東海の俠俊、北陸の実直、中央日本の優雅、西本州の彗敏、西海の精悍、其の他千万の気性が一堂に集められるのである。この如く多方面の健児が因習の地を脱却し、遠大の希望を抱いて歴史の香の新しい土を踏むのであるから、その砌礎の活動は目覚ましい。彼等は先ず超然して弊衣の如く伝統を放擲して、自然と自由の憧憬者となる。彼等の前に開かれる光景は、茅屋参差百代相嗣いで耕し来った田の畔に立つというようなものではない。軽裘肥馬功名を遂って身を殺すを忘れるというようなものでもない。未だ多くの人の手に委ねられていない自然と歴史なき所に恒久の歴史を作ろうという熱切な人間の努力とである。所在の青年が札幌の地に笈を負って、新しい天啓にでも接したように思うのは其処であろう。これにおいて予科生徒の志操を堅むるものは、予科が本学元気の中心とならねばならぬという考えである。人格を築きあげ、大学に於ける学問の基礎を据え、更に前途の事業に関して十分の覚悟を決するのは、実に予科在学三年の間でなければならぬ。元気なきものに対して何でこの大なる荒野の試練に堪え得よう。かくて古くから予科には、一種の沈着剛健の気質があった。その気質の中で特に列挙すべきものが先ず三つあろう。

第一は惇朴質素で少しも辺幅に修せず、飾りも衒いもしないことである。成程都の青年の中にもすこぶる獰猛な風俗をして、俗塵を尻眼にかけて濶歩する者を見受けるが、衒気の発してそうなったことが、まざまざと見透されるに至っては、嘔吐の種である。これに反してわれらのは、黙契でも強制でもない。自然のまま、おのがまま淡々として自らこうなのだ。人はあるいは之を指して平凡といおう。さらば善哉平凡やである。われらにはそんなにまで非凡がる余裕はない。われらは非凡とは少し違った所でお目にかかるはずの言葉だと信じている。

次はわれらの師弟との関係、御互同志の関係である。級としてまた科として、われらの親睦団結の密なることは、人の羨望を買うに足る。師弟の情誼に至っては、実にその比儔を見難い。最後に他の容易に模し難い美風を説こう。それは労働をいとわないことである。労働を神聖視することである。これあるいはクラーク氏の遺風であらう。性質に於いては単に大学の予備門であって何ら実習科目のないわれらが、夏季休暇を利用し、あるいは雇われて新冠や真駒内の牧場に黄昏星を戴いて牛を追い、早朝露を砕いて牧草を刈り、あるいは請うて此処彼処の農園に果実を収め、蔬菜を獲入れ、またはポール担いで椴松、蝦夷松、桂茂り、ヨブスマ、蕗の重なる天塩の山奥に測量を助くるなど、世の人の自ら汗して得たる報酬の如何に貴きかを悟り、真個労働の苦楽を知るのである。このことたる啻に永の休暇の小遣取にやるのではない。以て気を練り、心を鍛え、体軀の強健を期するのである。堅忍不抜の精神を養成しようとするのである。」

これを以て当時の予科生の気風を知ることが出来ると思う。その後、わが国の社会状態も変って来て、北海道も未開地でなくなり、また受験競争も激しくなって来て、必ずしも因習を脱却して北海の地に新天地を開こうという意気を持ってくるものばかりではなくなったが、しかし農学校以来のパイオニア・スピリットは常に、北大生のスピリットとして残っていた。

惇朴の気風も、この文に見られる通りで、故意にバンカラを気取ったり、ハイカラぶったりする者はなかったという。学校が学生生活を扱うのに子供として遇しないのは保証人を要さないという点などでも良く分るが、当時の寮生、学生は紳士的であり、君子的でもあったということである。しかし紳士的であるからといって「自分は他人と違って特権階級に属している」というようなキドリ屋とか、特権意識というのは全然なかったといっても良かった。ところが時代の風潮は閑静なこのエルムの学園にもおしよせて来て、他の高等学校の気風の影響がしだいにこれに加わって来るようになるのである。

課外活動

その頃の北大は、構内がそのまま、すばらしい牧場であった。白堊の校舎をとりまくエルムの茂みは今よりも濃く、牧柵のなかには牛の群と、おびただしい黒百合の花、またとなりの偕楽園とは文字通り地つづきで、ハンの木などの下に茂っている深い牧草をふみわけて自由に往来していた。

このような美しい環境は「都ぞ弥生」その他の寮歌を生み、また学生を刺戟して詩人に、そして画家にした。従って文芸活動が非常に活発であったのは当然のことであろう。

北大に黒百合会が生れ、初めて絵の展覧会をひらいたのは、明治四十一年の秋である。

四十一年といえば、長らくアメリカに遊学、ヨーロッパをひとめぐりした三十一才の有島武郎が英語を担当すべく母校の北大にかえって来た年である。この時三人の学生、小熊桿、藍野祐之、原田三夫は有馬武郎を中心にして同志を集めて作ったのが、現在五十年以上の歴史を誇る黒百合会の発端である。この会の命名者は小熊桿であり、そのよるところは当時農場にふんだんに生えていた黒百合であった。

その頃の日本の洋画はまだ幼年期にあり、白樺社が印象派や後期印象派を紹介して、画壇の話題となっていた時である。また文展がはじまったばかりで、札幌にも、これの入選洋画家が住み、洋画の団体もあったが、洋画というものがまだ本当に理解されていなかった。したがって黒百合会は重要な展覧会で、これに刺戟されて北海道の美術運動は次第に盛んになり、すぐれた才能の美術家が相ついで現れたのである。この意味で黒百合会の功績は実に大きい。

この会は、会はあったが会長も規約もなく、会員の主体は学生であった。卒業生も職員も加り、皆自由な行動の中に展覧会を中心として不思議に統制がとれていた。そこには教授もなければ学生もなかった。ただ皆で豊かな自然を描いていた。この団体は内にこもっていただけではなく、進んで洋画の啓蒙にのり出して、何回も後期印象派の外人の作やロダンのブロンズなどを陳列したり、日本画壇の代表的な作品をたくさん紹介したりして、札幌の文化に貢献した。

明治四十五年恵廸寮図書部の前身である「凍影社」が出来、当時の新傾向の作品や飜訳の合評座談会をひらいた。これを中心として機関紙「辛夷」が発刊され、大正三年まで続いた。大正七年からの雑誌「氷河」はこの後身である。また「札幌グラフイック」や「原人」等が続いて出版されていた。

ウインター・スポーツとしてこの頃からスキーがはやり出した。即ち明治四十四年にオーストリーのレルヒ中佐が越後の高田に来て、わが国にスキーを初めて伝えたからである。これをきいた学校では月寒連隊にたのみ、物理学用品と云う名目で陸軍省から、若干のスキーの払下げをうけ、北大の学生に練習させたのである。

この頃はスキー靴は勿論ワックスもなく、単杖のアルパインスキーであったから、ずい分苦労したものである。一方、予科の英語教師であったハンス・コーラー先生もまた、わが国に初めてスキーをもたらした恩人の一人であった。かくして札幌は高田と共にわが国スキー発達の二大中心地となったのである。

このスキーの練習は、今のクラーク銅像のうしろの、小さなスロープで行った。ここでは高岡名誉教授なども、さっそうと新着のスキーをはいて練習していたが、ある日スキーの先で眼鏡をこわしてからバッタリと止めてしまったなどというエピソードがある。

明治三十年代に現われたもので見おとすことの出来ないものの一つに、社会主義運動の抬頭がある。これは後の大正、昭和時代の学生運動と、思想的に関連があるので、ここに略記してみ

社会主義思想

ることとする。社会主義思想なるものは、明治三十年頃から徳富蘇峰などによって紹介され、一部の知識人によって熱烈に研究され、実践運動が行われたのであるが、この運動の推進者の中には、内村鑑三がいた。彼は社会主義者ではないが、この時代の社会運動の上に無視することのできない人物の一人である。彼は当時すでに「不敬事件」で一高教授の職を退き、「万朝報」の幕賓として活躍していた。後年、社会主義運動史上の中心人物となった幸徳秋水、堺枯川、西川光二郎、山川均、守田有秋、荒畑寒村らの人びとは、この時代に、内村鑑三の後輩若しくは、弟子として、その思想的影響をうけたのである。というのは、内村鑑三の藩閥政府攻撃、進歩的平民主義、及び社会主義への情熱が、彼等をひきつけ社会主義に走らせたのである。

この社会主義運動は、明治四十三年、いわゆる「大逆事件」で幸徳秋水以下二十五名が検挙され、世人の心胆を寒からしめて後、その取締りはとみに厳しくなった。

社会主義運動は政府にとっては、十分脅威であったことは否めない。政府は、役人養成の機関でもある大学に赤い思想が入り、せっかく金をかけて養成した学生たちが、赤くなることを極度に恐れた。今日の政府が学生の共産主義運動を恐れる以上のものがあった。しかし、当時の北海道の学園は、中央の影響は全くなく、社会主義などどこふく風という状態であった。しかし学生の共鳴をおそれた文部省は、大正元年各大学に、その思想の取締り方を強く要求して来たようである。これに基いて、佐藤昌介学長は、予科学生を一堂に集め諄じゅんと社会

主義の危険から学園を守れと訓示をした。しかし、社会との没交渉をもってその特色としていた当時の学生には、社会主義といっても身近かに感ぜず、改めて社会主義を認識し直すものも多かった。その訓示をぼんやりと聞いている学生に対して佐藤学長は、「この社会主義と申す思想は、わが国に於ては、直ぐに雲散霧消すべきものとは思うが、念のため諸君の注意を促す」と述べた。このように学園は、まだまだ美しい平穏な学園であり、「都ぞ弥生」と自由な学風に酔っていられたのであった。この時代には日本の資本主義機構そのものが、なお建設途上で、まだその欠陥を甚しく顕わすに至っておらず、従って、社会にあまり関心を持たぬ当時の学生たちの心を大きく動かすだけの魅力とはなりえなかったのである。

当時「都ぞ弥生」に感激して生活できたのは、北海道が物価が安く、生活しやすいためではなかった。むしろ物価が高く加えて冬の薪炭費も必要であった。それにもかかわらず同時代の他の大学の学生の生活費に比べて彼等の生活費はすくなかった。これは札幌の学生が、質素であったことを示している。学生は不必要な贅沢はしなかったし、学生に不似合な奢侈な風も、津軽の海の北では見られなかったのである。酒をのむこともあまりなかった。自治寮の中間搾取のない豊かな自給自足生活は食欲さかんな学生たちにも、充分な満足を与えていたのでもあろうと考えられる。現在と比較にならないが、明治四十三年頃は、月十七円位で生活していたようである。

札幌の物価の高いことは悩みの種であったらしく、学費を節約するために彼等はいろいろの解決策を考えた。寮では自給自足の方針をもって、園芸部、畜産部を設け、前者は自給用の野菜を作り、後者は養鶏養豚を行い、寮生全員を、そのいずれかに必ず属させた。この制度は、自炊制度の運営に、大きな力を与えたが、消費組合の設立はいま一歩進んで、市価より一厘でも安く販売して、寮生の便宜を計りたいという意図によったものである。この設立運動は、大正三年にはじまったが、学生だけの手になる消費組合が実現設立されたのは、大正六年九月二十七日のことであった。

第二章　帝国大学の完成

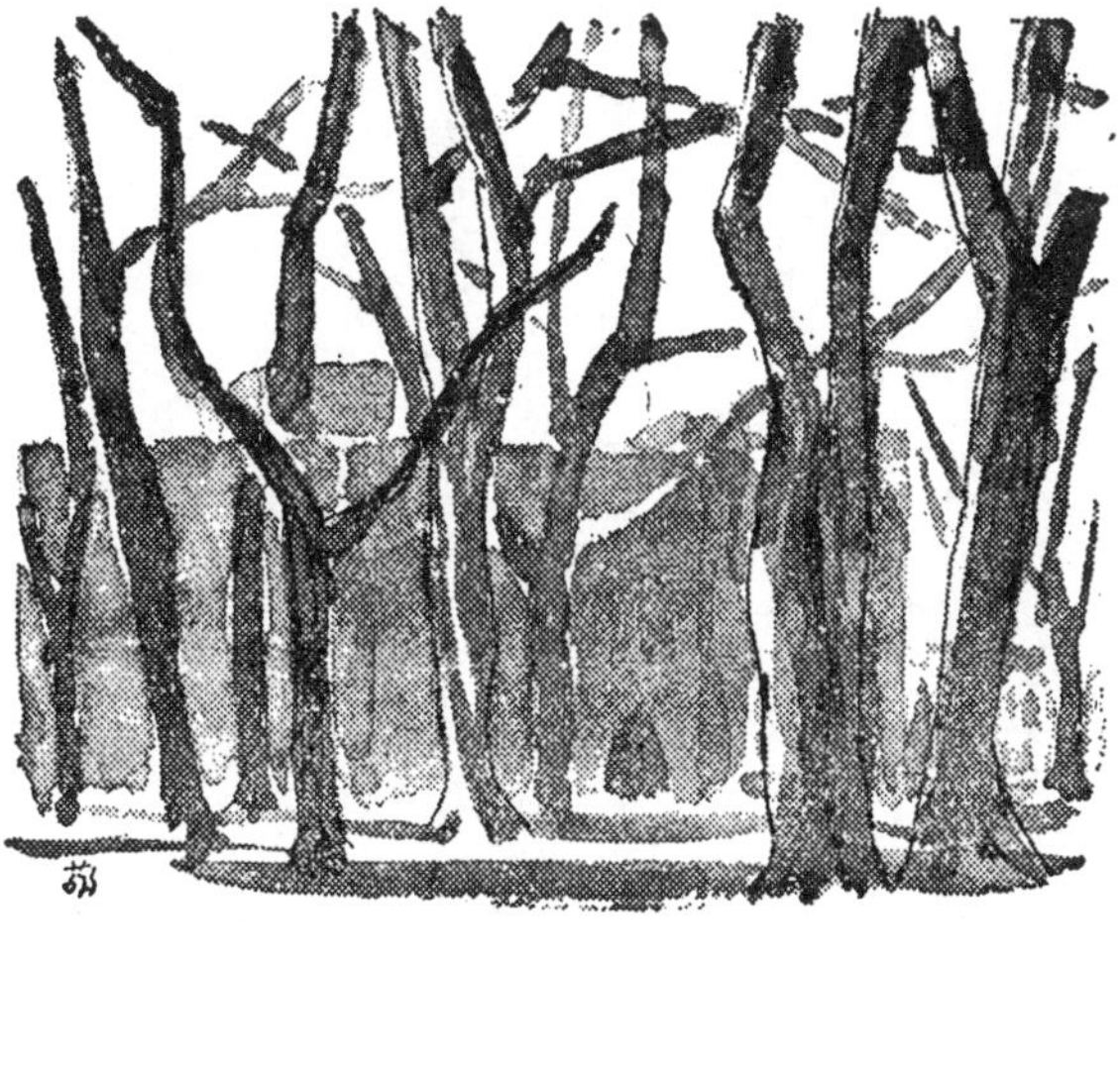

一　三学部の新設

医学部の設立

官民一致しての運動に、当時の社会状勢が反映して設立と決った医学部は、大正六年北大の北はずれ、北九条から十六条にわたる広い敷地に起工され、十年四月一日授業が開始された。その場所は北大の農場で、当時はまだ人家もない寂しい場所であった。しかし校舎につづいて、ぞくぞくと人家が立ち並びたちまち繁華な一市街を出現し、北海道内は勿論、遠く樺太からも患者が診療を求め、道民のこの病院に対する期待は、非常なものであった。

工学部

医学部の下からもり上って来た要求とちがって、工学部は文部省から天下り式にその設立が論じられた。すでに明治二十年に設立された工学科は、北海道開発に幾多の貢献をなし、多数の工学士を出したが、二十八年に文部省により廃止となり、三十年に北海道開発上必要との理由で速成の土木工学科が出来、以来これが土木専門部としてその余命を保って来た。

大正十年になると、政府は第一次大戦後の重工業発展による技術者の必要性を痛感してか、工学部設置の腹を決め、すべて政府の直営予算によって着工し、大正十二年には白堊のエキゾチックな校舎が完成した。建物は中世紀風で、北欧の建築を思わせる宏壮優美なものである。その詩的な感覚美は画家の足を止めさせるに充分であった。特に白いタイルが緑の芝生に映え、春のツツジの時期ともなれば、おとぎの国のような雰囲気をさえかもし出した。この校舎で工学部の授業が開始されたのは、大正十三年九月であった。

理学部

自然科学の応用に重点を置く農、工、医学部はかくて完成したが、基礎学科である理学部の設置が必要なことは早くから広く認められていたので、総長佐藤昌介を中心にしてその具体案が練られ、大正十一年以来文部省に要求していた。大正十二年に要求が容れられて、まさに実現しようとした時、関東大震災が起り、計画延期するの止むなきに至った。しかし四年後の昭和二年ついに理学部設置案は可決された。理学部は応用部門三学部の中心になるものであるから、その敷地は中央にという説がとられ、当時の予科寄宿舎の西方に決定し、昭和二年に着工された。モダン・ゴシックの三階建鉄筋コンクリート造りの校舎は、二年余りで完成し、昭和五年四月一日、理学部は名実ともに発足した。

今、この三学部の設立を見ると、それぞれちがった道を経て生れている。医学部は道内外民の強い世論にリードされて作りあげられたものであり、工学部は政府が重工業発展に伴っておこる技術者の必要から積極的に設立したものだが、理学部は基礎学科研究の必要性を強調する大学関係者の熱意によったものと見てよい。その学部の持っている意味と共に興味深く思われる。

クラーク像の建設

医学部、工学部が出来、帝国大学として充実した大正十五年の創立五十周年は、クラーク博士誕生百年とかち合って、盛大にその記念式典が行われた。それまでに札幌同窓会では、何か適当な記念事業を行いたいものと協議を重ねていたが、北大創立の恩人、クラーク博士の胸像を校庭内に建て、記念式の当日、大学に寄贈するのがよかろうと話が決った。資金は、一般の寄付を仰がず、北大の卒業生、生徒、職員一人一人が少しずつ積み立てることになった。台石の設計は、東京美術学校長正木直彦によるもので、クラーク博士の伝記をよく研究して設計されており、みごとな出来栄えであった。台石の上部、胸像の直下に、博士の自署が彫られ、その下に、Boys, be ambitious の遺訓、蓮のような植物の彫刻があった。胸像製作は、正木校長を通じて同校出身者の田《た》嶼碩朗《しませきろう》に依嘱した。同氏はクラーク博士の写真四、五枚を参考とし、在京中の農学校の一期生伊藤一隆、大島正健の記憶をとりいれて完成したが、これは同氏の作品中の傑作の一つとして知られるようになった。

像の下にある蓮に似た植物の彫刻について面白いエピソードがある。ある学生が、故郷から出て来た両親を案内して校庭を歩いていた時のことである。父親はその植物のことをたずねた。何も知らない学生は苦しまぎれに、「この蓮ですか、これはクラーク先生が学生に、常に、『ボーイズよ、なんじ泥中の蓮たれ』と教訓されていたことにちなんだものですよ」と答えた。ちょうどそこを通りかかったある農学部教授が聞いて、それは面白いと笑ったというが、この植物は南米の大河アマゾンの流域にあるヴィクトリヤ・レギヤという大睡蓮を図案化したものである。これをここに持って來たのは理由がある。一八五〇年クラーク博士が化学と鉱物を専攻するためドイツに留学する途中ロンドンで、植物界の驚異であるこの雄大な睡蓮の花や葉をみて、一種の霊感にうたれ、その時から植物の生理現象に興味を持ち、後に生理学者として学位を得た故事にちなんだものである。

五月十四日の記念祝典には、クラーク博士直接の教え子である大島正健、黒岩四方之進、内田瀞、柳本通義の四名及び伊藤一隆の夫人が列席し、高松宮も來道された。

式中、佐藤総長は、恩師クラーク博士のことを、「先生去って五十年、その遺風を追慕する念は年とともにいよいよ深く、偉人の一言は、真に百世の師となる感じを起させる」と述べた。文部大臣岡田良平もまた次のような祝辞をのべた。

「大学はいうまでもなく、学術の攻究を目的とするが、また学生の人格を陶冶する責任をもっている。札幌農学校の創立当時教頭であったクラーク氏は、刻苦精励、創設の事業を大成したばかりでなく、日常至誠をもって学生を指導し、感化薫陶の効は真に偉大なるものがある。本日の記念式にあたって、本学構内にその胸像を建設し得たことは、喜びにたえない。冀わくば本学が永くその範を守って、学術の研鑽と共に人格の陶冶に一層留意し、国家有用の人材を養成するに力められたい。」

つづいて胸像の除幕式が行われた。

「紅白の幕は徐徐に落ちて、五十年前の人格者が、生きているような威容を備えて現れた。そのせつな参列者一同は、一種の霊感に打たれた。眼光炯々、学風の興廃を監視するが如く、万感胸にせまるものがあった。」とその時の状況が記されている。（クラーク先生詳傳）

この胸像はそれ以來、学内の人びとに親しまれるようになった。像を仰いで、多くの学生は常に慰めと激励を与えられている。

佐藤総長の勇退

当時は構内にある実習用の第一農場、乳牛を主とする第二農場から第八までの農場と、果樹園などは六千二百町歩に達した。十一万八千町歩の演習林は遠く樺太、朝鮮、台湾にまでひろがっていた。学生総数は二千名に達し、遠く朝鮮、沖縄、中国からも入学する学生もあった。すでに総合大学としての内容を名実ともに備えたのを見て、北大育ての親であり、医工理三学部の生みの親である佐藤総長は、理学部開学を機に勇退を決意した。教授六名の札幌農学校から出発した彼が、ここにパイオニアとしての自分の仕事が完成したのを見たのである、クラーク博士がアメリカを出発、北海道へ向う時、ノースロップに書き送った「私は札幌農学校が日本のために貢献するものと信じて疑わないが、然し札幌農学校が真に永久的に有用な学校となるのでなければ、関係する事を好まぬ」という決意が、今ここに彼の弟子によって見事に成しとげられたのである。

佐藤総長の勇退が、北大に一つの転機を与えたことは疑いなく、この時代を帝国大学としての北大の完成期と見て誤りではあるまい。

二　学生のバンカラ気風

高校的気風へ

長年の宿望が成って北海道帝国大学に昇格し、新学部が設置されたため、大学本科生、予科生合せて三百であった学生の数は、急激に増加した。寄宿舎は増築されたが、それでもなお不足であったので、遂に大正十一年、「純然たる予科生の気風を養成するため、新入生を一人でも多く舎に入れるため」に、恵廸寮を予科生だけの寮にすることに決められ、本科生は寮からしめ出された。その上在寮期間が短くなったこと、寮生の平均年令の低下などで、この年から寮生活は大きな変化をとげ、次第に札幌農学校時代の寮の特種な気風がうすれ、一般の高等学校の寮としての性格を持つようになってきた。

第一次大戦後の大学濫造時代の余波をうけて、各地の高校は、その独特なバンカラ姿とともに「英国のユニバーシティの紳士養成や、米国のカレッジの生活よりも、ビールと歌と決闘とをカレッジ・ライフのすべてであると豪語しているドイツの学生生活の方が余程良い。」と謳歌していた。これが次第に北大学生の生活に影響を与え、バンカラ風が勢力を得て来た。そして大正末年頃には長髪長髯、弊衣破帽を意とせぬ豪傑風の人物が多くなって来て、予科生といえばバンカラという一時期を画し、北大開学以来のピューリタン的な気風が影をひそめるようになった。

このことは次の二つの話と考え合せると興味が深い。その一はクラーク博士の胸像建立に対する内村鑑三の所見である。

「明治の初年において私どもが北海道で抱いた理想は、甚だ高いものでありました。その第一は、北海道を浄化せんとすることでありました。北海道を浄土と化し、これを以て日本全国を浄化せんとすることでありました。第二は、札幌を北方の雅典と成し、北海道を浄土と化し、英のエヂンバラが英国第一の知識の淵源であるが如くに、札幌を日本第一の知識の収穫地、精神の修養地となさんとしたことでありました。然しながら、今日に至って事実如何と観察すれば、理想は何れも裏切られたのであります。北海道は浄化するどころか、反って俗化するところとなりました。今や日本で北海道ほど俗人の横行もするところはないと思います。また札幌が大学の所在地となったことは事実ですが、然し乍ら、札幌の地が学生を養成するのに最も良き地であるかは、今は大なる疑問であります。

天然的に最も恵まれた札幌も、今は官僚化され、商人化されて、学生を送るには甚だ悪い所となりました、論より証拠であります。札幌は今日まで多くの役人または実業家、小数の学者を出しましたが、一人の傑出した人物も出しません。出したものは多数の従順なる官僚、利慾に長けたる実業家、または温良の紳士であります。然れども正義に燃え真理を熱愛し、社会人類のために犠牲たらんとする人物は、一人も出しません。積極的の大人物もありません。主として消極的の人間であります。実に歎かわしいことであります。私にはクラーク先生の精神は札幌に残っていると思えません。残っているのは先生の名だけであります。そして今度先生の銅像が出来た土地であります。先生の自由の精神、キリストの信仰、それは今は札幌にありません。札幌は先生のボーイズ・ビー・アンビシャスを広い意味に於て知りません。クラーク先生の精神があまねくゆきわたる時は、札幌に精神的革命がはじまるときであります。札幌の今日の状態をみて、先生は天にあって泣いておられると信じます。」

（大正十五年五月十四日、大学新聞、北海タイムス）

今一つは昭和二年五月二十一日の北海タイムスの記事である。

「他日×学部の教授学生で組織している××会の新入生歓迎の席上、茶気の多いある学生が例のクラーク讃美をやり出したところ、とうとう某教授がたまりかねて『一体この学校に来て癪にさわることは何かというと、すぐクラーク、クラークということである』といった。これに賛意を表した人が少くなかったということだ……胸像クラークの緒顔、いささか微苦笑を帯ぶ。」

高校生活

明治の末頃の他の高校生は何を考えいかに生活していたかを見てみよう。その頃の高校生の間には「思想の過食より来る脳髄の不消化症」といわれる懐疑煩悶が流行し、不生産的な思索を最上のものとしていた。藤村操はその代表的な中毒者であった。彼は当時十八歳の一高生、頭脳の明晰な紅顔の好青年で、明治三十六年五月、日光の華厳の滝に身を投じた。その原因は思想的煩悶によるものであったが、滝の落ち口の樹に刻りつけた「巖頭の感」は、それをよく現わしている。「悠々たる哉天壤、遼々たるかな古今、五尺の小軀を以て此大をはからむとす。ホレーショの哲学、竟に何等のオーソリティに価するものぞ。万有の真理は唯だ一言にして悉す。曰く『不可解』。我この恨を懐いて煩悶終に死を決す。既に巖頭に立つに及んで胸中何等の不安あるなし。始めて知る、大なる悲観は大なる楽観に一致するを。」

彼のこの死のゼスチュァは、高校生的なものの代表と見てよいが、高校的なるものが最も良くあらわれている一つはその校歌、寮歌である。それは理想、自由、感激、憂愁等の美しい想念のカクテルである。寮歌を高唱して町をのしあるき、ビールに酔ってストームに出かける。ハイネに感激してロマンチックになり、ゲーテ、アリストテレス、カント、ショーペンハウエルを論じて思想的に悩み、まさに「デカンショ（デカルト、カント、ショーペンハウエルの略）で半年ぐらし、あとの半年ねてくらす」生活に、わが世の春を謳歌するのである。

現在恵廸寮で年中行事のように行われている習慣の多くはこの頃につくられたものが多い。今その習慣の二、三を昭和八年に出来た恵廸寮史からひろってみよう。

ストーム

新入生が胸をときめかせて入学式を終え、部屋に帰ってやっと寝静まった頃、ドシン・ガタン・ドシン・ガタンというリズミカルな足駄の音が耳を打つならば、模範ストームがやって来たのである。

足音は歌声と共に近づいてくる。「醒めよ。迷の夢醒めよ。」廊下を歌いながらドアの前で足音が止る。「ストーム」一人がどなってドアを開ける。電燈が点ぜられる。ドヤドヤはいってくる真裸の上級生たち。褌一つに朴歯の高足駄、手に手にスキーを持っている。

一人がドイツ語で、「アイン！　ツヴァイ！　ドライ！」と掛け声をかけると、彼らは一せいに声をそろえ、肩を組み、歌い且つ踊る。

札幌農学校はエゾガ島、熊が棲む
荒野に建てたる大校舎、コチャ
エルムの樹影で真理解く
コチャエ、コチャエ

札幌農学校はエゾガ島、手稲山
夕焼小焼のするところ、コチャ
牧草片敷き詩集読む
コチャエ、コチャエ

札幌農学校はエゾガ島、クラーク氏
ビー・アンビシャス・ボーイズと、コチャ
学府の基礎を残しゆく
コチャエ、コチャエ

この歌のリズムが、朴歯とスキーのたてる響と調和して、一種の夢幻的な、ロマンチックな、またグロテスクな境地に引込んでゆく。歌と踊りが一わたりすむと、ストームに来た連中は、襲われた新入生にいちいち手を伸べて握手を交してゆく。
新入生に対しては「頑張れ!」とか、旧寮生に対しては「宜しく頼む」とか、そういうことばが同時に交される。ドヤドヤと外に出た連中は、また「醒めよ、迷いの夢醒めよ!」を高唱しつつ隣の部屋へ、そしてリズミカルな歌声と足音は遠ざかり、寮はふたたび元の沈黙にかえるのである。ストームは、新入生歓迎の意味ばかりでなく、対校戦に勝った時、クラス会があった時、懇親会が催された時など、喜びを他の連中にも分ちたい程感激に酔った夜には(そういう時には、アルコールの力も少なからず手伝っているのであるが)必ずと行われるのである。

これは寮だけの習慣でなく、予科生は対校戦の応援に、また祝勝に、また何もなくとも感激した時にはストームを唱え、円陣をつくって狂喜乱舞する」(恵廸寮史より)

ストームの起源は古く、明治四十年頃米国から帰朝して寄宿舎係として入舎した有島武郎の話にもとずく。明治四十一年の四月、有島先生の歓迎をかねて開かれた開識社の席で武郎は「米国学生の生活」と題して、フィラデルフィヤのハーバー・フォールド・カレッジ在学中の経験を語り、カレッジの寄宿舎で、上級生が新入生に対して加える威圧行為の習慣についてのべた。それを寮生は変なぐあいに応用して流行させたのである。即ち寄宿舎のイタズラ坊主たちが、くそ勉強をやる者の室へ変装して暴れ込み、勉強の妨害をしておもしろがったのである。これをストームと称して試験の前など盛んにのし歩いた。はじめのころは覆面をしたり、柔道着を着たり、妙な風態をしていたらしい。

しかし星霜を重ねるうちにこのストームも合理化され、試験が近づくと委員長の名で「ストーム厳禁」の掲示が出るようになった。大正末期から次第に素裸、高足駄のストームが生れて来て、手に持ったものも、スキーに一定された。しかし、こうなっても一部の寮生からは常に批判を受けた。

大正三年、ストーム防止論が開識社で論じられ、大正十三年の寮務日記にも「多人数の統制のとれたストームであれば、大いに歓迎する。けれども今までのように酔って歩きまわるぐたぐたストームは、安眠を妨害し感情を害し、甚だ不愉快である」とのべている。大正十四年五月の舎生大会では「ストーム時刻制限の件」が提案され、ついで大正十五年の開識社にも「ストーム廃止案」が提議された。しかし大半の寮生は反対し、ストームは却って益ます盛んになっていった。

その他の習慣

どこの高等学校の寮にもつき物である寮雨（窓ション）は御多分にもれず恵迪寮にもあった。これもこの頃から盛んになりだしたものである。しかしこの名物も、昭和六年、寮が現在の場所に移転すると姿を消したといわれる。それは、新しい寮はもとの寮と違って、廊下の窓は六尺の高さの回転窓になったためである。寮雨を防ぐためばかりではなく、北側が吹きさらしの農場で、冬の北風がもとの寮より強く、廊下がひどく寒いという理由かららしい。

札幌市民にしたしまれた遊戯会はこの頃から学制が変り、年度始めに行われるようになり、更にオリンピック方式による記録主義に変ったため、市民からはなれて行ったが、代って市民に大いに親しまれ始めたものに、開寮記念日の記念祭がある。記念祭は五月中旬の日曜日に行われるが、大正十年以来寮内を一般に開放、縦覧させるようになった。当日の圧巻は室内の装飾である。その中には諷刺あり、時事問題の批判、社会思想に対するあてこすり、エロ、グロ、ナンセンス、各室思い思いに趣向をこらしている。寮生の意図するところは、はげしい社会諷刺であり、時事問題に対する諷刺である。女人禁制の恵廸寮もこの日ばかりは美しく彩られる。紳士、メッチエン、学生らが次から次に見物にやってくる。仮装行列は知恵をしぼった扮装で目をみはらせる。午後五時頃になると「追出しストーム」が始まる。素裸に下駄ばき、スキーを手にして、まごついている観客をしり目に「札幌農学校はエゾガ島」を高唱しながら全寮をまわって歩く。折角苦心して作った装飾を何の未練もなく破壊してゆく。

やがて夜のとばりが垂れ、星が瞬き始めると、芝生の篝火を囲んで、全寮コンパが開かれる。このコンパにはお茶がでる。寮内の飲酒が禁じられているので、お茶と称してのむのである。豚汁とお茶に気分をよくした寮生は、ストームの歌をたからかに歌い、狂喜乱舞する。

寮では新入生歓迎、送別会ばかりか、しばしば晩さん会をひらく。寮生、先生、先輩がいっしょになって食事をしながら懇談し、なごやかに一夜を過すのである。この時は先生もかみしもをぬいで、処世術とか、人生問題とか、社会問題、その他いろいろなことを話す。学生は一身上の問題、自分の悩み、学問上の問題など卒直に語り、先輩、教師は適当にアドバイスする。ともに歌いストームをする。この会は時どき先生の方から「やらないか」というくらいであった。

開識社も絶えず開かれた。これは舎生大会と講演会の性質を持つもので、寮内、寮外から講演者を招き、閉会後、ミルク、茶菓が出る。（恵廸寮史より）

課外活動　第一次大戦が終結し戦勝国となった日本に新しい思想や文化が花咲きはじめた。学生の手で新しい文芸雑誌が創刊され、演劇が公演された。北日本最初のオーケストラである札幌シンフォニーが北大農学部を中心とする学生の手で組織されたのは、大正十一年のことである。

当時北大に外国語学会という原語で外国語劇を公演する団体があり、この伴奏の必要から、マンドリン、コーラスの小団体が発達し、前者はチルコロ・マンドリニスコ・アウロラ合奏団となり、合唱隊がグリークラブと名のって、独立した活動を始めたのもこの頃からである。この音楽熱の高まりとともにマンドリン、コーラスを吸収し、更に新たに文武会管弦楽団を設立して、文武会音楽部が出来たのが大正十三年であった。この管弦楽団は医学部の学生が中心になっていた。以後二十年間北大に二つの管弦楽団が対立してきたが、これはかえって相互の競争をうながし、札幌の音楽の向上に役立った。

深刻な経済問題

世界大戦は日本帝国主義に飛躍する機会を与えた。が、それは同時に帝国主義的な矛盾が展開する過程でもあった。大正七・八年の頃、諸種の企業が隆盛を極め、物価が騰り、多数の成金が出来た。最初は労働者の所得も増加したが、それを追いぬく物価の騰り方によって次第に生活は苦しくなった。その騰り方は空前のものであった。大正三年の物価指数を百として七年には二百三十と四年間に百三十%もはね上った。こうして労働者の実質賃金は著しく低下し、労働者の生活はとみに苦しさをまし、子弟の教育にも事欠くようになった。困窮の波は北大の学生生活にも影響しはじめた。

恵迪寮に消費組合が生れたのはこの不況時代をのり切って行くための一つのレジスタンスに過ぎなかった。次第に上昇する物価に寮費は急増をよぎなさくれた。食費はそれまでの十二円が大正八年には十六円になり、舎生費も大正七年の十五銭が九年には五十銭になった。値上げの連続である。この時代の寮の生活を「恵迪寮史」は「過渡期の自治寮における最大の困難は、何といっても舎生の思想的動揺にあった。時代の推移に伴う著しい個人主義思想の抬頭、寮生の急激な増加並に予科生対本科生の問題、桜星会（予科の生徒会）対恵廸寮の問題、それによる寮生統一の困難は、この時代を担当した委員の大きい苦悩であった。」と述べている。生活が困窮の度をますにつれ学生は前よりも、彼等の表現によると「個人主義的」になっていった。その例として寮費の不払が多くなった。しかし反面夜おそくまで酒をのんで、蛮声をあげてどなり歩くものもあった。寮費を払わず飲みしろに代えた。それも社会の不安におびえた学生が何となく落ち着かず、酒をのまずにはいられないような気持となったものと思われる。この寮費不払いの増加で、寮では数千円の赤字を出し、制度の改良で急場をしのいだ。すなわち自炊制をすて、請負制をとり、その権利金を負債の返済にあてたのである。以来彼等はすべてをあきらめて粗食に甘んじた。この請負制度は三年後の昭年四年に廃止、自炊制にかえって恵廸寮は自治寮の本義にもどった。このファイトで彼等は自治寮の再建の手をすすめ、寮旗、寮生章の制定、舎生申合規約の改訂、寮史編纂と目まぐるしい活動が開始された。

第三編　時潮の波に

――昭和動乱期――

一九三一		満州事変勃発
一九三二	文武会事件	
一九三三		国際連盟脱退
一九三四(昭九)	恵廸寮史成る	京大滝川事件
	(この頃は抵抗文芸活動が非常に盛ん)	ワシントン条約廃棄通告
一九三六(昭一一)	文芸活動に対する弾圧	二、二六事件
一九三七	人民戦線第一次検挙	日支事変
一九三八(昭一三)	予科に報国会 工学部増員	国家総動員法公布
一九三九(昭一四)	燃料研究室、山下生化学研究室、臨時医学専門部設置	東大河合教授事件、九カ国条約廃棄
一九四一(昭一六)	低温科学研究所設置 文武会廃止報国会動員	太平洋戦争始まる

一九四三(昭一八)	学徒出征、触媒研究所 超短波研究所	ガダルカナルの敗戦
一九四五		無条件降伏
一九四七(昭二二)	法文学部設置、北海道帝国大学は北海道大学となる	新憲法実施 教育基本法成る
一九四九(昭二四)	法文、教育、理、医、工、農、水産の各部より成る新制大学設置	中華人民共和国成立
一九五〇(昭二五)	北海道大学予科廃止 法文学部は文、法経学部に分離独立	
一九五二	獣医学部設置	日本独立回復
一九五三(昭二八)	法経学部は法、経済の二学部に分離独立	朝鮮休戦 スターリン歿

第一章　移り変る時代

一　波に逆って

社会の状況

これまでの学生は、社会の動きの影響は受けても、それによって学生生活そのものが翻弄されるようなことはなかった。大学という治外法権の穴の中で安易な眠りをむさぼり、またそれだからこそ大学を絶対的に考えて意識的にその中での生活に甘えていたきらいがあった。しかしそれも、大正の末期から、次第に時潮の波に打ちこわされていった。以下は、その学園をおそった嵐に真正面からぶつかって行った若い魂の反抗の記録である。少し時代をさかのぼってながめて見よう。深刻な不景気のはけ口は、大正六年の米騒動となって爆発した。これは全く自然発生的な大衆行動であったが、日本帝国主義の矛盾を暴露し、社会に強い衝撃を与え、これを契機に社会運動は急速に高まってきた。その一つの現れとして、普通選挙権要求運動がある。政府は革命に対する一種の安全弁として普選法を通過させたが、同時にそれによって進出を予想される無産政党に対処するため治安立法を強化するのを忘れなかった。緊急勅令――関東大震災の直後に公布された「治安維持のためにする罰則に関する件」――に代る治安維持法の制定を準備し、国民の反対にも関らず、同法は議会に提出されて殆んど無修正のまま両院を通過した。これはその後敗戦の日まで国民の基本的権利を奪い、日本ファッシズムの利器となったものである。

高まり行く社会主義運動、労働運動の波は文学にも新しい途を開いていった。すでに第一次世界大戦以来白樺派の人たちが強い理想主義、人道主義を唱えていたが、大正十年に創刊された雑誌「種蒔く人」が日本プロレタリア文学運動の最初の指導機関であった。この雑誌は震災反動の中に姿を消したが、そのまいた種は文芸戦線によって受け継がれた。

財界に目を向けて見ると、大戦後異常な発展をとげた日本資本主義体制は、大正九年の反動恐慌と十二年の震災恐慌とによって内部の矛盾をますます拡げ、昭和二年には未曾有の金融恐慌に見舞われた。このため中産階級の没落が急速となり、失業者は街頭にあふれ、勤労階級の窮乏はひどくなった。この頃になると、学生も社会の一員として、大学にこもり社会から遊離していることができなくなった。学生生活は重大な影響を受けたのである。学生は急速にマルキシズムの科学、芸術に強く引きつけられ、「研究の自由」、「学園の自由」を要求して立ち上り、労働者農民とも次第に結びついていった。このような気運の中に昭和元年の末、学生社会科学研究会連合会が治安維持法にふれ、解散させられたことは、反って全国の大学、高等専門学校の学生をいっそう強く、社会主義に引きつけることになった。そして、二年から九年にかけて、全国の高等専門学校以上の学校で「社会科学研究の自由」や「学校管理への学生参加」等の要求、又「軍国主義反対」等で学生のストライキの起らなかったところはなかったといってよい。そして、それらのほとんどすべての学校に共産青年同盟の班が組織されて、その指導の下に、研究会や読書会がひそかにもたれていた。これは金融恐慌以後の中産階級の没落、また大学を出ても、思わしい就職のあてもなく、一方軍国主義が特に青年を脅かしているという状況のもとで、労働者、農民の闘争の高まりが鋭敏な学生の目を開かせたのである。

一方、北大においては依然「都ぞ弥生」的な気風が充ち溢れていた。しかしごく限られた一部の学生ではあるが、この社会主義思想は強く共感を以て迎えられた。それは文芸関係の者であった。

北大と社会主義思想

大正十年頃の北大文芸部は、大学当局の補助金によって年二回、「文武会報」として、文芸的雑誌を発行していたが、責任者菅原道太郎は、まず文芸部の中に思想的な結合を作り、大いに革新を図ろうとした。そして月刊として学内から街頭に進出し、文芸運動を表看板にして学生社会運動を進めようとした。この提案は文芸部長の賛成を得たが、総長に呼び出されて見事に葬り去られてしまった。そのため、第二段の策として別に学生グループの手によって「平原社」を起し、月刊雑誌「平原」を発行することになった。平原社を結成した菅原らは、学内においては表面は文芸懇談会の名儀で掲示し、毎週火曜毎に社会科学に関する研究会を開いた。マルクスの資本論が主な研究対象であった。

また文化講演の名の下に各地を巡回し、演説して歩いた。その後平原社の運動は次第に振わなくなり、自然消滅の形となった。しかし、大正十二年末に再び農業経済の学生を中心に、社会経済研究会が生れた。この会は「共産党宣言」や「ボルシェヴィキは政権を維持するや」等のテキストによる研究のほか社会主義の植民政策、各国の富力比較等も研究していたもので、関東、関西の学生社会科学運動に見られるような華々しいものではなく、極めて地味な学究的なもので、大学としてはこのような研究は当然行われてしかるべきものであった。しかしこの研究会はその後次第に強化された。大正十三年頃、有島武郎が八雲（道南）にあった彼の私有地を開放し、今日の農業組合のようなものを作ったが、これを契機に道内各地に農民対地主の小競り合いが起った。この際、農民組合の結成や、農民教育運動にこの研究会は非常に影響を与えた。また小樽高商軍教反対運動に対する応援、労働組合運動への支持等も行っていたらしい。

一方この頃になるとムッソリーニの説くファッシズム運動が、大戦以來激化する資本主義の矛盾に苦しめられていた国民の受けるところとなり、赤化反対の旗印の下に、軍閥の同調を得つつ発展して来た。北大でも、予科に九州出身の熱血漢によって組織された「烺の会」ができた。一方、社会主義運動も、教授の減俸、整理、入試応募者の減少、学費支払不能のための退学生出現、休暇労働、卒業生の就職難などの形に具体化された不景気を解明する研究サークル、「読書会」ができた。読書会は週に一、二回集り、共産党宣言の独文の研究等をやっていた。この両極端の読書会と烺の会は絶えず反目し合っていて、下宿で読書会を開いている最中、烺の会の連中が下駄履のまま上ってきて、殴る、蹴るの暴行を働いたこともあった。読書会のできたのは大正十四年頃で、当時は丸善などに前述の本が並べられていたそうだが、十五年の第一次弾圧後、これらの本を読むことがうるさくなり、学校からの圧迫も強いので、プリントにして独語の勉強と称して会員の下宿を廻って会を開いていた。しかし、思想的に洗脳されているというよりは、むしろ向学心のための研究会であった。その後、思想善導の名の下に、学生の自由な研究と思想は、学生部や特高警察の手で非常な弾圧にあい、この後昭和三年と五年には検挙学生を出している。このような思想的な団体に対する弾圧に対して、不満を抱いていた学生は少くなかった。

北大ストライキ事件

こういう環境のもとに、北大開学以来最初のストライキ事件が起った。この事件は全学を巻きこみ、約二ケ月間も続いたものである。勿論このストライキには、前述の進歩的学生が主導的な役割を演じていたことは考えられるし、学生に社会主義的要求が広く浸透していたためとも考えられる。当時の社会環境にストライキの起る下地が十分にあったわけである。しかし「都ぞ弥生」の歌に示される牧歌的風潮に酔っている多数の学生を、このように長期間団結させた原因はまだ外にあるように考えられる。今このストライキ事件のあらましを述べて見よう。

この事件は昭和三年春の新入生歓迎会に端を発する。当時、新人生歓迎会は文武会が主催していたが、委員が時の佐藤昌介総長に酒の使用を願い出た。彼は、「予科生はまだ未成年者だが、まあ良かろう」と一応許可したが、予科の某英語教師（彼は熱烈なクリスチャンであった）が大いに反対したので、「クラーク先生の建てた学校でビールを出すのはいけない」と、取り止めるように命じた。このことを聞いた学生たちは、「総長は二枚舌を使った。このような総長のもとでわれわれは学問することはできない」と大いにいきまいて、文武会委員は総辞職をしてしまった。当時は、特高が自由に学生課に出入りをしていて、絶えず学生に目を光らせていた。たまたま工学部の某がクラーク像の前で、この間のいきさつ及び思想的な問題を演説したところ、忽ち摑って退校を命ぜられた。（退校になると他の帝国大学にも入学できない。）この学生は全学の同情を一夜にして集めた。学生たちは「総長が先の言葉の謝罪をするか、リーダーの処罰を取消すか」と学校側に迫ったが、学校側は相手にならず、らちがあかないので、各クラスではイザとなったらストライキに移らねばならないと、絶えず連絡を取っていた。

この事件を動かしていた者が左翼系の学生であったことは否めないにしても、表面に出てブラックリストにのった学生は、直ちに検挙されたので、左翼系でない学生も多数犠牲となった。学生と学校のつながりは完全に絶ち切られてしまった。総長が約束を破ったという青年らしい正義感と、裏切られたという悲しみと共に、学友がつぎつぎと犠牲になるのを見るに忍びない気持から、しだいに強く闘争意識をかためていった。彼等の大部分は別に社会がどうの思想がどうのと深刻に考えた訳ではなかっただろう。如何に不況時代とはいえ、今日とは及びもつかない程のんびりとした学生生活を送っていたのだから。中には、ストライキに反対する者もかなりいた。

クラスによっては、反対者を帰省させた所もあったようだ。

同年秋、いよいよ二学期の試験も始まろうという頃、夕闇の迫る学生ホール（今の協同組合）のバルコニーに立ったリーダーは、ついにストライキを宣言した。そして翌朝、学生を農場に集め学生大会を行った。この時、トラックに乗った警官隊が、また学生課からは乗用車に乗った学生課長が、鎮圧にやって来たが、学生たちは柔道部の猛者連に前列を守らせてこれに当り、約千名の学生と百名に余る警官隊との間に小競合いが演じられた。学生課長など、自動車をひっくり返され、愛用のステッキを折られ、青くなって帰ったそうだ。その後、学生は各門を分担で警備し登校して来る学生を追い帰したが、教授連も負けていられぬとばかり門に並び、登校する学生を摑え、一方は授業を受けさせまいとし、他方は授業を受けさせようとして、旅館の客引きにも似た風景が随処に展開した。しかし中には学生側に同情する教授もおり、出席しようとする者を摑えて「皆真剣に闘っているのに、君だけ授業を受けに来て何になる。そんな利己心はすて給え」と追い帰した先生もいたそうである。

堅い決意の下に起ったストライキも、続出する逮捕者を利用した学校当局、警察側の切りくずしに抵抗しかね逮捕者の保釈と交換に、解散したクラスがかなり出て來た。更に、学校側は先輩の説得によって、ストライキを中止させるような方針をたてた。各学部の連絡が失われ、約二ケ月にわたったストライキもついに終を告げた。しかしこの事件は学生側の負けとはいえ、決してマイナスの面ばかりではなかった。この後、学校側はかなり反省し、学生の気持を尊重する点が見えるようになった。総長は学生に詫び状のようなものを出したらしい。ある先輩は、「僕はあのストライキのリーダーではなかったけれど、総長から葉書が來た。恐らく全学生に出されたのではないか。」といっている。つぶれた一学期の試験は翌年一月中旬に行われた。

ストライキ事件を通じて感じられることは、学生の間に「われわれは昔の農学校の学生とは違うのだ。」という気風が強くなって来たことである。これは重大な変化であった。「大学生がビールを飲むぐらい、あたりまえのことだ。ビールのない大学生活があり得るか。」といった考えが一般的になった。札幌農学校時代のピューリタニズムを軽蔑する当時の学生の気風が、この事件を通してうかがわれるのである。

このような風潮が前述の内村鑑三のことばとなってあらわれ、学生はクラーク博士に対して意識的に反撥したりするのである。

文武会事件

ストライキの後しばらく、事件らしいものは起っていないが、弾圧の手は決してゆるんだのではなく、むしろ強くなって来たといってよい。学生の思想的な活動も制約され、昭和五年には逮捕事件が起っている。警察や学校当局から睨まれている者は相ついで学校を去り、従って思想的な研究も、極く限られた学生の小グループの間にひそかに行われているに過ぎなかった。しかし、これまで学外との交渉を持たず学究的色彩の強かったものが、次第に外部、中央とのつながりを持つようになり、組織的になって来ている。例えば、日本労働組合全国協議会学生支持同盟には北大班として七、八名の者が参加している。

昭和六年（一九三一年）に端を発した満州事変を期に、日本帝国主義の膨脹は著しく、従って弾圧の手もさらにのびてきた。当時趣味的、サロン的な色彩の濃かった「北大文芸」にさえ、その内容に干渉の手が加わり、また、ちょっとした学生の集会にも目を光らすというぐあいで、学生の不満がかなり強かったことは想像するに難くない。

昭和七年に起った「文武会事件」に対しては昭和三年のストライキ事件よりさらに一歩進んで、弾圧に対する強い批判がふくまれている。この事件は、昭和七年六月三十日夜の新入生歓迎文武会デーに端を発した。この時は学内でなく、市の公民館を借りて歓迎の宴が開かれたが、最後の映画上映が終ると、約五百枚のアジビラがばらまかれた。ビラの内容は各学部でクラス毎に行われていた集会のテーマで「全北大生に訴える」と題して「文武会をぶっつぶせ」「貧困学生の授業料を免除しろ」「自治会を作ろう」「言論の自由に対する圧迫に反対しよう」「研究の自由を守ろう」と呼びかけたものであった。直ちに特高の捜査がはじまり、六十四名の学生が治安維持法違反で検挙され、内六名が起訴された。裁判の結果は執行猶予となったが、五十名が放学、停学、譴責の処分を受けた。これに対して、教授会はじめ学生、卒業生、一般から「学生課は学生を導くことを忘れて、狂気じみた取締り一方である」との非難が寄せられたが問題にならず、記事を掲載した北海道帝国大学新聞は発禁、没収の処分を受けた。

この事件は北大の自由獲得の歴史の上で最も特筆すべき出来事である。学校側では学内から左翼分子を一掃する意味で、事件にひっかけて左翼的学生を処分したのである。事件の主体となったのは農、工、医学部で、理学部は連座していなかった。また学内の文化機関や、農業経済学科は全然動員されていなかった。先のストライキ事件はじめこの事件に至るまで、その主流をなしたのが学部の学生であるが、戦後の活動が主に教養部の学生を中心として行われたのと対比して興味が深い。

抵抗の文芸活動

弾圧の手はさらにのびて、左翼の活動は只沈滞の一途を辿るばかりであった。昭和八年には京大で滝川幸辰教授が時の文相鳩山一郎によって教壇を追われ、ファッシズムはいよいよその魔手をのばした。北大ではただ予科の「桜星会雑誌」と新聞部及びそれまでの純文芸的なものから脱皮しかけていた北大文芸だけが、かろうじて研究を続けているだけで、右翼の活動はますます活発となり「烺の会」を「興亜学会」と改め、また講演部という集いを作り、左翼の連中と絶えず反目し合っていた。

京都の西田哲学が隆盛に向ったこの頃はヨーロッパ的な学問そのものよりも、これにいわゆる日本的な考え方をとり入れて行こうとする風潮が高まり、又昭和十一年頃から自由主義者は面と向ってマルクスを説くことから脱皮し、エンサイクロペディーの感のある出版物をテキストに使い始めた。この頃、予科ではI教授を中心に「自然科学研究会」が作られ「自然科学」という機関誌を出し、自然科学を通じて唯物論的な科学的思考の啓蒙を計った。当時は中国の大学生との交流などもあったらしい。しかしこれらの活動も絶えず行われる弾圧と検束とによって次第に骨ぬきになった。

脱皮しつつあった北大文芸は次第に純文芸的色彩に逆戻りし、残るのは桜星会雑誌だけとなった。が、それも厳しい原稿の検閲には手の打ちようがなくなっていった。一度高倉輝の「新カナ文字運動」を取り入れたことがあったが、これも忽ちにして一蹴されてしまった。昭和十二年にはいってからは二・二六事件を契機としてファッショ勢力はますます強くなり、学外の左翼的運動は表面的には全く見られなくなった。一方学内の文化運動も検束に次ぐ検束によってごく限られてしまい、時の流れに反抗する最後のあがきに過ぎなくなっていった。学内学外を通じてファッショの波に流されているような当時にあっては、個人的に話し合うのが精一杯であって、この年に「キリン」という小雑誌が発刊されたのを最後に、この運動は北大から姿を消した。そして大学の自治も昭和十四年一月東大経済学部河合、土方両教授の追放をめぐる動きで、ほとんど否定されるに至った。

軍教問題　第一次世界大戦の経験と国政の帝国主義的性格は、その当然の結果として学校の軍事化、軍事教練の実施という形となって現れて来た。折も折、陸軍軍縮が断行された。これに反対することのできなかった軍閥は、他の方面で地盤の軟化を補わねばならなかった。そこで兵器と将校の余剰を有効に利用するためと「軍隊の民衆化」「国民皆兵主義」の現れとして「学校軍国主義化」がとりあげられたのである。

大正二年に「早大軍事研究団」事件が起ったが、これが導火線となって軍教反対の運動は拡まっていった。大正十三年秋以来、当時の文部大臣岡田良平の手によって、中学校以上の学生生徒に対して軍事教練を正課として実施する計画が立てられ、文部省と陸軍省の間で具体化が進行していた。この計画を知った全国学生社会科学連合会は、全国の大学高等専門学校に檄をとばして「全国学生軍教反対同盟」を結成し、進歩的な教育者の一団は「教育擁護同盟」を組織して反対運動に立ち上った。こうした状勢の中に、文部省当局は陸軍省を後盾に強引に押し切り、大正十四年春、各学校の一年志願兵に対し、

「大正十四年七月以降、配属将校により教育を受け、合格したる者はその在営を十ヶ月とす。」

という通牒を発して学内軍教熱をあおり同年七月、全国の大学高専校のすべてに軍事教練を実施した。学生たちが黙っているはずはない。まず同年十月十五日小樽高商に起った軍教反対事件を皮切りに、反対運動は全国に拡がっていった。

しかし北大内部では取り立てていうほどの事件は起らなかった。昭和八年頃までは配属将校も学生の機嫌をとるのに精一杯で、せいぜい射撃の練習位に止まり、講義の時はレコードをかけたり漫談をしたりして、講義を受けに来るように仕向けたものであった。配属将校はたいていアダ名をつけられていたが、これは愛称でもあり、

反面軽蔑の気持の現れでもあった。例えば、K中佐は「生ずし」N老大尉は「フラフラ」その他「佐山オンチ」「ドーナツ」「ヤキトリ大尉」などというのもある。

その後しだいに軍事教練も厳しくなり、九年には査閲が行われるようになった。しかし学内に溢れている自由主義的気風の下では学生はいっこうに真剣にならなかった。馬鹿らしいと思う一方、真剣な反感も示した。昭和九年の終り頃のこと、「だまれ」と一喝して、かえって学生に謝罪をせまられた配属将校があった。査閲の時にある配属将校が「ヤスメ」「キオツケ」を二、三回くり返したところ「そんなにくり返して休めるか」と怒鳴り出したり、査閲が終り査閲官が帰ろうとする背後から、空砲を撃って驚かしたり、かなりいたずらもしたらしい。服装もバラバラで、下駄ばきにゲートルを巻いて来て注意を受けると「貧乏で靴が買えない」といってすましていた豪傑もあったという。いずれも軍教に対する当時の学生の気持をあらわした小話である。

昭和十年に、軍事教練をサボると、幹部候補生になる資格を与えないということが伝えられ、出席率がはね上った。学生たちにも、いずれは戦争が起るだろうと懸念されていた時代ではあり、この頃から、真面目に教練に出席するようになった。年に二回、島松の演習場で野営演習があったが、サボリ過ぎてどうしても単位の足りない者は、この演習にいや応なしに出席させられた。全国的に展開された軍教反対運動のさ中に、ひとり北大は、さして大きな事件を起すこともなく、次第に高まり行くファッショの波にもまれもまれて、いつとはなしに軍教反対の気運も表面から消えていった。かくて、十二年、日支事変を迎えたのである。

二　学生生活の生態

学生の風潮

北海道の大陸的な自然の中に解放され、外部からの刺戟も少い、孤立した状態にあるためか、北大生は一般にのんびりしていて、めぐまれた学生生活を大いに楽しむことが出来た。その反面社会的関心の少いのも事実で、一高、三高などにみられた極端な立身出世主義の風潮はなく、「ガリ勉型」と呼ばれる、点取主義の学生は少かった。くそ勉強はしなくても、読書には熱心で自分の好きな方面の研究に打ちこむようなタイプの学生が多かった。この傾向は他の一般の高校よりも強く、専攻科目を犠牲にしてかえりみない者もあった。予科に四年、五年かかっても驚かず、極端な例として予科、学部を十四年もかかって卒業した猛者もいたということだ。現在の学生生活と比較出来ない余裕があったのである。

札幌農学校時代からのピューリタニックな、牧歌的な気風に代って、本州の高校から流れこんで来たデカタン的気風が隆盛をほこったのも昭和六年、寮が北大構内最北端の現在の位置に移ってからの一時期である。刹那主義的傾向が目立って来たのは、思想的な圧迫の強くなった昭和のはじめごろからで、カフェーの女給とのスキャンダルもかなりあった。「学士様なら嫁にやろ」という時代で、学生課には「花聟を求む」「当方箱入娘有り」などという話が持ちこまれた。女性関係はともかく、思想問題に頭を悩ました学校当局は、昭和の初期に、個人担任制度を設けた。これは一人の教授が数人の学生を担任して、一身上の問題から思想上の問題までもふくめて善導しようとする意図であったが、何程の効果もあげえなかった。

当時はバンカラ気風が支配的であった。最もデカダニズムの滲透していたのは恵廸寮で、野武士のような、河原の乞食のような風体の寮生が連日連夜所かまわず怒鳴り歩いた。夜更けの町を歩いて、映画館の広告の旗をかついで戻った、旗はフンドシになり竹の棒は物干し竿になった。飲み屋や喫茶店の灰皿、トックリ、コーヒ・セットに至るまでくすねて帰る者があり、そうかと思えば普段から仲の悪い北十条交番に小便を引っかけたり、はては同交番の表札をかついで来た豪傑があった。このアタックは恵廸寮名物の一つであった。ストームもすさまじく札幌の繁華街四丁目十字街で輪になり、電車、自動車の行列を作らせ、交通巡査に汗をかかせたこともたびたびであった。だらしない不衛生な生活の結果、寮生には病気になる者が少くなかった。

しかしすべての者がデカダニズムに泥酔していたわけではない。まじめな者も少くなく、そのような気風になじめない者もあって、退寮希望者が目立って来た。寮務日記に次のような一節がある。

「X（一年目）来室、退寮の件。彼は寮生活のごとき団体生活に堪え得られず、退寮を願うと。何の理由もなく出たいから出たい、寮生活が出来ないという。かかる者の出て来た事は幹部の力の至らぬ所と深く恥入るばかり。かかる人間を今後の寮生活に於いてもっと強い人間として育て上げる責任を感じる。居並ぶ幹部連、声を大にして彼を叱り、退寮を許可せず。」

しかし、退寮希望者側にいわせれば、

「ストームのため勉強が出来ない。友情の強制が耐えられない。精神的なつながりが薄れて来、高校生活はかくあるべしと強制されることがきらいだ」などと無理もない話である。

宣誓式の行事は、恵廸寮が今の理学部前にあった旧寮時代から行われていたのだが、そのころはすべて紳士的に事を運び、署名の時も「守れますか」といった調子であった。だが、時代が変り、行事も威嚇的な性質をおびてきた。寮務日記にあらわれた宣誓式をみると、当時の寮の気風がしのばれて興味深い。

「応接室に幹事長を中心にコの字型に居合す面々二十六名、各自、紋付羽織に白の紐の和服姿で厳しい顔、真暗な中に太いローソク（特別あつらえの太さ七センチ、長さ二十センチのもの一本と、その半分のもの二本）が、ぼんやりと辺りを照している。幹事長の前には宣誓文、宣誓署名押印の巻紙、それに硯箱を置いた机と、その前に椅子が一脚、室の入口にそって高い衝立がある。呼出しが「何号室何某」と大声で呼ぶ。はいって来た者は、衝立の側で幹事長に礼をする。それが前過ぎても横により過ぎていてもいけない。「馬鹿！　やり直せ」と大声一番、廊下に突き出されて出直して、室号、姓名を名乗り「宣誓式に参りました」という。ここでへまをすればまたやり直しである。前進して幹事長に礼をする。坐れといわれて始めて椅子にかけるのだが、許可なく腰をおろせば出直しを喰う。椅子について先ず幹事長をみつめ、姿勢を正す。「宣誓書を読め」といわれて手に取ってみると、辞書にもないような漢語ばかりで読めるものでない。つかえつかえ読む間に、気合を入れられる。ようやく終ると「誓うか」と怒鳴られ、はじめて、署名、押印を許され寮生章を受け取る。この時も両手で受け取らねばやり直しである。幹事の命令通り厳格に、それこそ一挙一動もおろそかにしないで室を出て、晴れて一人前の寮生になる。この時カラーは全部はずされる。

　南寮をすませ中寮に移るころには、二十六名の幹事も大いに調子が出て、宣誓式特有の気分が高潮となるが、夜も明けて来るので居眠りをしたい者は列の両端の暗い所へ行く。気合をいれる者は盛んに怒鳴りつづける。十二時、一時、二時ごろとなれば幹事長のほか二、三人だけになって式が進められる。ところが新丸（新入生のことで現在の新角に当る。学部学生の角帽に対し当時の予科生は白線三本の丸帽をかぶっていた）は、真剣になって前方をみつめているだけで、側面を見る余裕などはないから、さっぱり気がつかない。こういう調子だから、夜が明けても宣誓式はおわらず、防空用遮閉幕を下して続ける。午前九時ようやく終了する。」

深刻な就職難　学生の生活を表面的に見ると、生活的な心配などないようであるが、昭和二年の金融恐慌あたりから、生活は非常にきゅうくつになった。

「ハサン、カネオクレヌ、スグカヘレ」の悲報が来て、退学する学生が続出した。救済を要する者が八十名に近くアルバイトで学資を得るものが増えていった。当時の学生の生活費は平均五十三円かかったが、家庭教師をして月に五円という謝礼が相場で、授業料を払えない学生が二割もいたという。一般化したアルバイトに対して夏休みの労働も、求人に対し志望者は約三倍に達したとのことである。

昭和四年頃から就職難が起った。昭和五年には二百四十一名の卒業生が、六月半ばになっても六三％しか就職出来ず、工学部の如きは、前年の八十％から四五％に激減した。生活苦、就職難は大学受験の面にも反映し、昭和六年度の受験者は前年の二割減となり、ひとり就職難から免れた医学部だけが、二十倍という未曽有の競争率を示している。昭和六年には約二百名近くが就職出来ず「街のルンペンたることを恐れながら、不安焦燥の日々を送っている。」状態であった。

しかし六年九月十八日に始った満州事変は、この就職難、失業者の激増に新しい局面を開くことになった。わが国はこの戦争の開始によってこの恐慌からの離脱を図ろうとし軍事経済、植民地搾取によって日本経済界は飛躍的に発展したのである。軍国景気、インフレ景気と喧伝された昭和八年の北大の就職は、まず満州の産業開拓面に二十名の決定があったが、この景気はまだ一般的とならず、八年四月末、医九六%、理五四%、農三八%、工三六%と就職率は悪いが、越えて九年の卒業者はその前年の十一月ごろからすこぶる好調で、新聞は「非常時景気に朗らかな工学士、予約申込み殺到、百%就職、十一月下旬全員決定、ふっとんだ就職難、未曾有の好況」と告げている。反面、農学部はブラジル、満州方面へ進出以外、国内的には振わず、当時の日本経済の発展は軍需工業と輸出産業に限定されているのを裏書きしている。

恵廸寮史の編纂

社会主義思想の滲透及び、高校生的なバンカラ生活の謳歌によって、一時かつての農学校的な気風が忘れられてしまったかに見えたが、そうではなかった。「自由、独立、大志」の当時の気風は、絶えず彼等に強い影響を与えていた。一方帝国大学となって寮生の「寮万能」の気風は増々強く、「吾等が寮を誇る」寮の伝統は消滅しなかった。

昭和三年のストライキ事件の直後、寮では「五十余年の歴史とその間に生じた伝統」を書き残すため、寮生大会の決議で、寮生は一カ月三十銭ずつ積立てることになり、専任の編集委員七名が選出された。昭和四年以来編集の仕事が続けられ、その間委員のかわること十回、昭和八年、約千頁に及ぶ「恵廸寮史」が出来上った。全文、旧時代をしのぶ美文をもって書かれ、北大史としても立派に通用するものであった。

第二章　暗雲におおわれて

一　学生群を押し流した時潮の波

無気力

昭和十二年七月七日、芦溝橋事件に端を発した日支事変がはじまった。前年には二・二六事件が起きるなどファッショの勢力は増々強くなり、北大学生も軍閥独裁の濁流に押しまくられていくばかりであった。昭和十年代はそれこそ北大八十年の発展史の中で最も悲惨な、最も狂気じみた時期であった。

事変の進展に伴い、まず若手の助教授、講師、助手ら七十名が北大を去って行った。開戦と同時に開かれた全国高等学校長会議は「国体観念の明徴を期す」ことを教育方針に定め、予科にも国史を教授し、学生のスポーツ大会への出場を禁じたりした。（明治神宮に対する国民的奉仕の意味で催される神宮競技だけは参加を許可された）又「断髪会」なるものが学生に対して、「強制的でないが自発的に夏休み中に刈ること」と告示して、これは半強制的に行われた。

思想弾圧は強化され、一旦検挙され起訴されたなら事の如何を問わず退学させられた。夜間十時過ぎの酔歩は法度となり、一夜に四十名も警察の御世話になったこともあった。十三年三月の国家総動員法に従って、スフ製の制服が定められ総長は進んでその範を示した。続いて出た物資総動員令に準じて制服制帽の新調禁止、下駄履禁止解除、靴の購入禁止、紙の使用制限等がなされ、共済部による古物交換が許された。しかし物資の不足はますますはげしくなり、和服の着用も届出に依り許可されるようになった。

学生はノート不足に悩み、一ヵ月と持たないスフの白衣に嘆いた。より以上の悩みは下宿料の値上りであり、下宿の払底であった。下宿側としても米屋、魚屋に頭を下げる辛さから、部屋は貸すが賄いは出来ないというものがめっきり多くなった。これは遠く家を離れている学生たちにとって頭痛の種であった。ただ食事は学内食堂（今日の中央食堂）の誕生によって解決を見た。不自由な生活に対して学生たちは抵抗を示し、解決の道を見出そうと努力した。時代に対する不満は、さまざまな形で現われ、十四、十五年頃の北大新聞には、「伝統を生む努力の心要を論ず」とか、「創造的精神と道徳的反省」などという論文がのり、はかないレジスタンスをこころみている。

人間性を追求しようという欲求は、画一化を計る時流の壁に突き当り、学生は苦悶した。が、壁は堅く学生群は諦めと、無気力の沼地に足を奪われた。このことはいろいろの面に現われている。文武会がその脱皮を期待して理事の選挙を行った際、定員二十四名に対して候補者二十五名という未だかつてない低調ぶりを示したのも、その一例である。

日支事変当初の学生気質を示すものに、昭和十一年の「生活調査」がある。これによると学生の過半数は精神主義であり、物質万能主義は僅か八％に過ぎず、学生の思想傾向は極めて健全な状態にあるといわれた。いわゆる健康なこの精神主義が十四、五年以降の無気力を生むのであろう。すなわち、理想主義、精神主義的傾向の強かった予科生の欠点として理論に走り、実践力が伴わず、更に学部に入って技術者、科学者として、こまかいセクションに分れて研究にとじこもらざるを得ない状態は、集団的認識に対する訓練を欠き、社会的関心が欠如して行くのである。

戦時態勢へ

このような中に国家の非常時に対する動きが高まり、十二年秋には予科に報国会が結成され、学内でも国防献金が行われ、北大皇軍慰問連盟が誕生、翌年には航空研究会のサークルが生れた。十四年にはいると戦時体制は本格的になり、学部軍事教練も必須科目となり「汝ら青少年学徒の双肩にあり」で有名な青少年学徒に賜る勅語が発布された。北大にも興亜勤労報国隊が生れ、九十五名の若人が満蒙へ向った。この年から夏休みは勤労作業に当てられ、二百七十九名の学生が全道各地へ、遠くは樺太まで出かけて行った。先の報国隊に続いて北大の教授十数名は、新東亜建設の科学陣の名のもとに派遣され、大陸へ北大が移動するかのような観を呈した。一方、学内では学徒隊が二大隊編成され、以後学生の生活はこれに拘束されることになったのである。

戦争の進展と共に学内予算は次第に削減されていったが、国策に合致する部門だけは次つぎと充実されていった。すなわち十二年には工学部燃料の講座が新設され、同時に金属化学研究室が開設された。十四年さらに燃料研究室及び山下生化学研究所が設けられ、翌年五月には今の応用電気研究所の前身たる超短波研究室も設置された。十六年には工学部に通信工学、農学部水産化学が作られ、十一月には低温科学研究所が開設された。

このような新設拡張とともに、学生定員は増加されたが、北大予科の入学競争率はますます激しくなっていった。学徒出征が多くなって行く傾向にあるため、その影響のない北大のような理科系の大学に受験生が殺到した為であろう。

こうして十四年には競争率は十三倍にもなり、ことに工学部では戦時体制が如実に反映し、その競争の激しさはまさに殺人的であった。

文武会の消滅

大正十一年から北大の音楽愛好者によって作られていた北海道初の管弦楽団である「札幌シンフォニック・オーケストラ」は昭和十五年末、解散を余儀なくされ、十一月二十三日市民会館で最終定期演奏会が開かれた。定刻前からすでに聴衆は場外まであふれ、オネガーの「夏の牧歌」シベリウスの「悲しきワルツ」等、最後にふさわしい曲が演奏され、市民はこぞって解散を悲しんだ。これによって北大の管弦楽団は「北大文武会オーケストラ」一本になった。ところが十六年にはいると、学園新体制の名の下に、報国会が新設され、文武会はついに、その四十年の長い歴史の幕をとじ、

「学部、予科、実科及び専門部を通じた大家族的親和をもつ本会は、われわれの誇りであった。智育偏重に傾き易い学校教育を補佐し、その一翼として、特に徳育、体育の円満なる向上に資するところ大なるものがあった。」

と内外から惜しまれながら消滅していった。大正十五年に創刊された新聞会も同時に解散し、改めて報国会総務部報道課となった。この新しい新聞には、総長の「学生に与う」がかかげられているが、その中には天皇政治の絶対性、八紘一宇の構想を解説し、聖戦の意義と学徒の決意を強調している。

戦争が苛酷の度を加えるに従い、食糧増産の必要性が強く呼ばれ、もはや「集団勤労による修練第一主義」は許されなくなり「生産を第一の目的とする動員」が行われるようになった。すなわち五月初めから最高学年をのぞき、農場、果樹園、植物園、花壇、牧場等に動員され、美しさを誇る植物園、花壇も次つぎとイモ、カボチャ畑に変っていった。勤労奉仕の夏期休暇が終ると戦時体制を整える報国隊が結成され、その綱領として次のことが定められた。

一、われわれは尽忠報国の一念に徹し惟神の大道を実践す、
一、われわれは帝国大学の学徒たる名誉を堅持してその本分を格守す、
一、われわれは八紘一宇の聖業を翼賛し、有事に即応して時難の克服に挺身する。

大東亜戦争

昭和十六年十月東条内閣が成立するとともに、近衛内閣の新体制運動は更に戦争への必然性をはらむ緊張へと変って行った。すなわち同月兵役改正に伴い、教育の臨時体制への一環として、直接国防要員の充足、労務動員の完遂に寄与する目的で、卒業の繰り上げが行われ、三月卒業の学生が前年の九月に卒業することになった。当時の国際状勢はすでに日支事変の行きづまりとともに、日本とアメリカ、イギリスオランダの対立はいよいよ激しくなっていた。

この緊張は昭和十六年十二月八日、米英両国に対する開戦によって最高頂に達した。

「その日、私たちは開戦のニュースを、理学部前に集って聞いたのですが、私のそばにいた進歩派のN教授がやっぱりここまでくれば、こうするより仕方がないのでしょうねといったのを、今でも記憶しています。実をいうと宣戦布告を聞いた時、日本人の多くはホッとしたのではないでしょうか。というのは十六年の空気は実に陰うつでした。平和的解決に持って行けば良かったのでしょうが、当時としてはどうにもならないという感じが、一番ぴったりしていました。不思議なもので緊張状態にあると、早くそれから脱したいために、何か思いきった変化を期待するのかも知れません。」

これは当時の理学部の一先輩の言葉である。確かに当時の陰うつな気分は、開戦によって一時晴れたかも知れないが、これはそのまま破局へと連る暗黒な悲惨な四年間の戦争へのプロローグでもあった。大東亜戦争の開戦

と共に学園の戦時体制は更に完備された。

低温科学研究所は十二月十六日からその機能を発揮しはじめた。同所の事業は低温下の諸現象を研究する科学を綜合したもので衣、食、住、軍事、交通、海洋、産業の全般にわたるものである。また超短波研究室も十七年一月、超短波研究所に拡張されるに至った。次いでニセコアンヌプリの頂上に樹氷研究所が建てられた。一方四月十日「教育勅語の趣旨を奉じ皇国の道に徹せしめる目的」で予科に道義科の講義が置かれた。

東条首相の来学

昭和十七年七月十四日、独裁者になった時の首相東条大将が民意の離脱をおそれ、本道の産業、民情の視察の目的で来道し、北大にも立ち寄った。各地で整然と並んだ歓迎を受けてきた首相もこの時は下駄ばき、破帽、腕を組んだり、ポケットに手をつっ込んだりしたまま、ばらばらに立ち並んだ予科生たちを見て、少々おどろいたようであった。首相は学生達に対し約二十分にわたって演説した。

彼は国民精神の剛健さが国家興隆の基であり、すべての仕事は、天皇の御為を計る外にないことを説き、また時局下にあっては議論や、批判に時間を空費することなく、すべてが実行であることを強調し、学問は日本独自の立場において新しい道を開拓して行かねばならないと力説した。

この時一学生が失笑して首相を怒らすという事件がおこった。その模様を、失笑者たるI先輩に聞くと、「首相は、農学部前に設けられた壇上にのぼりました。私は学部の学生として参加していましたが、威厳あるポーズを作ろうとして胸を張った彼を見て、私は思わず噴き出してしまった。私の近くの学生も二三人、くすくす笑ったようでした。もちろん彼は時の英雄で、私たちには、悪意があったわけではなく、また好意を持っていたわけでもありません。ただ、壇上でちょっと胸をはった姿が、何とはなしにユーモラスに感じられて笑ったのでした。首相は声を荒らげて『そこにいる学生！　退場して欲しい』といいましたが、誰も出て行きませんでした。話が終り、壇からおりた彼は、予科生の前に進んで、ホックをはめてやったり、腰の手拭を直してやったりしました。」

この事件は軍閥に対するレジスタンスというように、やかましく考えるべきものではないだろう。学生らしい無遠慮さの現われた小話に過ぎない。この頃から学内の視察がひんぱんに行われた。当時学生は厳重な規則にしばられ、遅刻厳禁、指定場所以外の喫煙禁止、昼休み以外の外出禁止、テニスは個人的競技だというので禁止になった。放課後は全校修練と称して高校体操を強制され、教授連も上衣をとって陣頭指揮に当らねばならなかった。教練の強化はいうまでもなく、分列式もひんぱんに行われ、学生も教授も、行く道を知らぬ羊の群のように追われるまま苦難の道を進んでいった。十六年に新築された中央食堂は、食糧不足に関連してひどく混雑した。

十七年九月、学業年限短縮の臨時措置は全面的に改革され、その法案が文部省及び企画院から発表になった。すなわち中学で一年、高校で一年、計二年の修学年数を短縮するもので、第二次世界大戦の完遂と、大東亜建設の実行という二つの国家的要請に応じて教育問題を解決して行くのだというが、一日でも早く、一人でも多く一人前に仕立てて使いたい、そのためには多少の学力低下は止むをえないという案であった。同年、結核研究所が開設された。十八年には触媒研究所、超短波研究所が完成され、その機能をフルに発揮しはじめた。

レーン夫妻、クラーク像の離学

予科の英語教師として長い間、学生に親しまれていたレーン夫妻は、開戦とともにスパイ容疑で大通刑務所に連行されていたが、十七年七月、捕虜交換船で帰国することになった。当日レーン夫妻は憲兵につきそわれて、二十年住みなれた札幌の地を離れようとした。

汽車が今しも札幌駅にすべりこもうとした時、息をきらしてドヤドヤとかけよって来たのは、予科生の一団であった。

「われわれのレーン先生夫妻のために、送別ストーム――アイン、ツヴァイ、ドライ」

リーダーのかけ声とともに予科生の一団は憲兵の制止の声も恐れず、涙にぬれる声をはりあげて「札幌農学校はエゾガ島」のストームを歌いおどった。それは彼等の恩師に対する官憲の不当な取り扱いを非難する痛烈な叫びであった。「鬼畜米英」のスローガンを日夜聞かされていた札幌市民ではあったが、ストームの叫びは同情と共感の微笑をそそらずにいなかった。その時のレーン氏の胸中はいかばかりであったかはかり知ることは出来ない。しかしレーン氏が札幌の地に骨をうずめる覚悟で再び北大に帰って来たのは、昭和二十六年のことである。

昭和十八年六月二十六日、戦局の悪転に伴う物資不足の一助に、銅像供出が決り、その献納報告式が中央講堂で行われた。式場の台の上には、クラーク博士像、佐藤総長像はじめ四つの胸像が並べられた。式の終了後、これらの像はそのまま中央講堂に置かれていたが、その翌朝、ひき取りのトラックが来た時には、クラーク博士の像だけが影も形もなくなっていた。係員が調べたところ、驚いたことに、像は元の台石の上にのせられていた。後で分ったことだが、予科二年目の学生数名が何処かへ隠そうと、深夜ひそかに中央講堂へしのんで来たが、意外に重い為に運搬することが出来ない。学生たちは像にすがってくやし泣きに泣き、明け方、中央講堂の横の台座まで、ようやく運んだというのである。

当時の先輩Yは「これは反軍国主義とか、何とかという深い根拠から出た行動ではなかった。敬愛と伝統の象徴である胸像が無くなるのは、残念でならなかったからであろう。これを見てもクラーク先生に対して抱いている北大生の感情がわかると思う。」と述べている。

動員と学徒出陣

十八年二月、ガダルカナルの敗戦、五月はアッツ島玉砕と悲報がつづいた。樺太の軍備を充実する目的で、北大の全学生が動員され、二手に分れて各一ヶ月間、樺太上敷香飛行場建設に従事した。軍艦に護衛されて到着した国境の地は、荒涼とした権木の続くツンドラ地帯であった。学生のテント生活がはじまった。不慣れな労働から来る疲労、国境の地にある不安、不自由な日常生活のために、彼等は次第にノイローゼになり、ちょっとした出来事にでも、たちまち神経をとがらせた。

たまたま引率教官のテントで毎晩、学生の消燈時間後も燈火をつけ、騒いでいたのに憤慨した一団が、ある夜彼等のテントを襲うために集結して、武装兵士に阻止されるような事件があった。又、歩哨勤務中、心臓麻痺で死亡した学生もあった。

余暇に付近の山へ憂さ晴しに登った山岳部の連中があった。焚火を十分に消し忘のために小便をかけて帰ったが、ツンドラ地帯のために地表下の残り火が勢をえて、山火事となり、飛行場を遮閉していた森林が丸裸になってしまった。軍をあわてさせたこの事件を最後に、樺太動員の幕がおりた。

帰って来た彼等を待っていたのは、従来の理科系大学の「在学中の徴兵延期」は停止となったという通達であった。農業経済、農科、水産等の学生が「海行かば」の声におくられて、つぎからつぎへ学園を去った。「わだつみ」の悲劇はここに本格的に展開しはじめた。同じく十月には教育非常措置法が定められ、一年の三分の一の期間学徒勤労動員が実施されることになり、更に十二月には徴兵年令の引き下げが行われた。学生即ち精兵、校門は即ち営門に通ずることになり、特別訓練と軍事教習が課せられた。

紙の不足のために、十九年四月には大学新聞は発行不能となり、終戦に至るまで発行停止を余儀なくされ、この間の記録を残し得ないことになった。この年からは学校としての機能は殆んどストップして、学生たちは自由労働者の群の如く動員にかり出された。同年十二月には、群馬県太田の中島飛行機組立工場へ動員され、予科、学部の殆んどの学生が出かけた。工員不足に悩んでいる時だったから、工学部の学生たちは組立工の第一線として活躍し、医学部の学生でも検査工として働かされた。翌二十年三月、動員は解除されて帰札したが、卒業を目前に控えた者は、新学期の約三ヵ月間、連日、午前八時半から午後五時半まで講義を受けた。

二 怒り、悩み、決意

別天地の寮生活の上にも、時局の急変は影響を与えずにはいなかった。それは十四年頃から表面にあらわれ、金曜講話、開識社の内容も、時代色を反映したものが多くなった。例えば十五年九月二十五日の金曜講話の内容も、

寮生活の制限

一　新体制における学生及び学校の取るべき道について

一　新体制について

であった。学校当局の寮生活に対する「指導」も強化された。映画、興業、飲食店への出入は土、日曜祭日だけと限られた。

連日の防空演習、勤労作業にも、不足がちな寮の食事で我慢しなければならなかった。寮の年中行事もしだい

に禁止された。定山渓旅行の取り止めを皮切りに、記念祭の寮開放も中止となり、昔は時局諷刺で有名だった各部屋のかざりも見られなくなった。防空上の理由でファイア・ストームにも中止命令が出た。寮名物の一つのストームについても、学校側では良い顔をしなくなったが、十六年の新入生歓迎ストームはどうやら許可を得た。このように一々寮の行事に制限を加える学校当局の態度に学生側は満足するはずがなかった。

押えていた不満が、十六年度新入生の歓迎ストームの際に爆発した。当時の寮には当直官が置かれていたが、朝四時ごろストームの群が当直室をおそったのである。当直のS教官はもともとストームの反対者だったので、不意の乱入に大いに怒り、大声で叱りとばした。憤激した寮生数人は、スキーで教官の頭をなぐりつけてしまった。この事件は意外に大きくなり、教官、学生とも学園を去るという所まで発展しようとした。一見つまらない事件のように思われるが、寮の自治に加えられる圧迫に対して、精いっぱいの抵抗が感じられる。

晩さん会なども非常に寂しいものになった。今までは五十名近くの先輩を招待していたのだったが、これも食糧事情のために中止になった。

しかし学生の寮に対する自負や、寮独特の雰囲気に対する愛着の失われることはなかった。そして「都ぞ弥生」を神聖視する傾向は、前の時代に劣らなかった。その良い例として十七年一月の松竹座事件がある。札幌松竹座で、水島早苗一座という劇団が「都ぞ弥生」をジャズ風に変曲してアトラクションとして上演したのである。寮生は憤慨した。大挙、松竹座へのりこみ、謝罪させて、詫び状をとった。さらに新聞に謝罪広告を出すことを約束させた。ところが彼等は札幌をはなれると、約束を果さないばかりか、警察に訴えた。寮生は強迫容疑で出頭を命ぜられた。だが、委員長は、「吾々は北大予科長より任命された幹事として、神聖な寮歌をまもったのだ」

と大喝して帰って来た。

十八年にはいると学校側から一日二十四時間の日課を定めるようにと通知して来た。しかし寮生は「いくら外面的に規定しても、内面的にわれわれの生活を規定出来るものではない」（委員長日記）という態度でこれに対した。その後間もなく、文部省から「時間厳守、自習時間は四時間以上のこと、新入生の基礎鍛練は三ヵ月以上のこと」と通達があった。この規定に「十時消燈」とあったのが特に寮生の不満を買い、外出届、門限届を出す者が増加した。

このころから食糧不足が目立って来て、委員の苦労は一通りのものではなかった。農場の空地、寮の周囲の空地を利用して、イモ、カボチャなどを植えて見たが、あまりプラスにはならなかった。U教授は「夜な夜な、動物の声ともつかぬ奇声が寮の部屋から聞えるので、不思議に思って調べて見ると、なんと空腹のあまり発する寮生のうめき声であった。時時、炊務委員が気をきかせて、海草麵という緑色の変な臭いのする、今ではとても、のどを通らないような代物を仕入れて夜食にすることがあったが、知らせを聞いた寮生は、まるで気違いのように部屋から飛び出して行った。」

と述べている。従って援農は彼等にとって天国へ行くようなものであった。食糧はふんだんにあるし、そこには何の束縛もなかった。

出陣学徒の悩み

昭和十八年の十月、存学中の徴兵延期停止によって、多くの学生たちが営門へすいこまれて行った。彼等の中には、自分の行為の正当性を信じて、喜んで死んだ者もいたであろう。しかしまた祖国の誤りを知り、生命への絶ち難い執着に悩んだ者のいたことも否定出来ない。ここに十八年十月出征して戦歿した学生の一人である農経学生平岩稔の手記を掲げてみる。
十月一日
可愛いい子供の生命を捧げて戦場に送ることを、腹の底からよろこぶ母が何処にあろう……だから、入隊するとしたら愛国的な至情は別として、どのように苦しいだろう……。しかし母は、立派に覚悟していますと、健気にいって下さった……。僕の母はこのように強いのだ。僕にも無論覚悟はある。ただそれは追いつめられて出て来た覚悟だ。
十月二日
学徒動員の具体的計画が発表された。純農、農経、水産は猶予停止である。雄々しく行くんだ。そして兵隊になり切ること。勿論死んで帰る積りで陛下に御奉公しよう。決意は決った。午後北十一条フランシスコ会修院を訪い、教区長に面談を乞うたが、旅行中とて名刺をおいて帰る。
十月三日
朝からしとしと雨が降っている。……雨の中を歩きまわる。「今日よりは顧みなくて大君の醜の御楯と出で立つ我は」と思わず口ずさんでみる。至る処の広い街路、アカシヤの並木、雨の札幌も美しい。この町ともお別れだ。今度見る時は――いや、再びこの美しい町を見ることはあるまい。
千秋庵で餅菓子を食う。同席の大学生と話す。転科が許されるかも知れぬと。転科はしかし不可能だと思う、一応出してみても良いが。祖国が危急に瀕して若人をよんでいる時、潔ぎよく征くのは当然でないか。もはや一身の事を考える時ではない。雨の中で兵士に会う。美しい空想の世界は永遠に目の前から閉される。今は強い現実のみ。死に就て――死ねると思う。国家の為、陛下の御為死ねる。征かん哉。

十月四日

昼暗き楡の木影に主無けど
　大志抱けの銘は残れり
　　――クラークの胸像なし――

楡の木の木蔭。ポプラの並木道。秋の光を浴びて平和に沈んでいる。構内を見ると、平和と戦いの奇妙な錯覚に囚れる。農場の方へ昼の時間に歩いた。近く聳ゆる濃い紫の緑の、山々が美しい。高く一列にずっと続いているポプラの小道に憩う。風が吹くにつれて、ざわざわ木が鳴っていた。アヒルが明るい農場の小路を歩いていた。

北大へ来た幸福感。征くなら喜んで行こうと決心してから、総てが印象的で美しい。晩、自分の歩んで来た誤れる観念上の理想主義に就いて考える。これは北海道へ来る時から考えていたことだ。この決心が未だ心の底で微かに動揺しているのが残念だ。

――行軍――

何処にて尽くるあてなき白き道
　前行く友の銃は続けり

第三章　再出発

一　戦後の虚脱から立ち上って

北大と終戦

昭和二十年八月十五日正午、各学部前の広場や、芝生をほじくりかえして作ったいも畠の上には、ゲートルを巻き、鉄帽やずきんを背にした、残り少い在学の職員、学生たちが黙々と群っていた。

三球の国民型ラジオをみつめて天皇のお言葉を待っていた彼等に聞こえて来たのは、聞き取りづらいポツダム宣言受諾、即ち敗戦の放送であった。放送が終ってもしばらくは誰も口を開く者がいなかった。足下を見つめて涙をぬぐう者、声をあげて泣く者、無表情に空を見上げている人……。

少数の者はすでに敗戦を予期していたであろうが、多くの者にとっては意外の感が深く、敗れた口惜しさが胸を突きあげた。農学部では、直ちに全員が講堂に集った。島学部長は男泣きに泣きながら「われわれは皆理性的な人間である。理性を失わずこの問題に対決し、今後の生活に処して行く必要がある。」と訓された。午後には工学部北側に全職員、学生が集合し、総長の訓辞があった。すべてのことが終ったのである。

この降伏発表を、校庭の学生とは別の感慨をもって聞いた者がある。それは徴兵された学生群であった。学徒出陣をした予備学生（将校になる）とは別に、召集令状を受け、軍隊の最下層部できたえられた連中だった。

「束縛されていたといっても、大学の自由は如何に大きかったかをしみじみ感じた。」と、終戦近い頃に徴兵になったある学生がいっている。他の大学、高校生に比べて、くそ真面目であったといわれる北大の学生は、要領が悪くて余計なビンタを喰ったそうだが、彼等にとって敗戦は解放であった。当時、学校に残っていたのは、身体の悪い少数の学生だけで、大部分の学生は援農に行って農村で終戦を迎えたものが多かった。終戦一週間後に彼らのもとへ来た集合の通知で、札幌に帰った彼等が先ずびっくりしたのは、出迎えの教授たちが背広を着ていたことである。国民服を見なれた目には、古い背広服が、自由のシンボルのように見えた。しみじみとした解放感が胸をうった。

北大は、幸い戦災を受けなかった。自然科学系の学科が多いため、戦時中もほそぼそながら講義が続けられていた。しかし教授の研究といえば間接直接の戦時研究に重点が置かれていたことはいうまでもない。

二十年の春頃からは研究室の疎開が始った。学内の防空壕も完備された。七月には残された学生を対象とした学徒隊が結成され、本土決戦にそなえて戦闘隊の形を取り、八月十四日には査閲の予行演習が行われたが、一夜明ければ運命の十五日であった。

精神的苦悩

敗戦につづいて、かつて日本人の経験したことのない不安と混乱と虚脱感が怒濤のようにおしよせて来た。精神的支柱が失われ、飢えた身をよせかける何物もなかった。職員も教官も学生も、呆然と気抜けのしたような月日を過していた。

動員や軍隊より解放された学生たちが学窓にもどりはじめた頃には、荒れはてた学内には秋風が吹いていた。

終戦後の苛酷な現実は、幾重にも彼等をとりかこみ苦しめて、止まるところを知らなかった。翌年にはいり予科三年制が復活したものの「悪魔的な環境の嵐の中」で、生活苦はますます拍車を加えて行った。もはや学生だという特権は通用しなかった。当時のH先輩はつぎのように述べている。

「つめたい現実のなかで、学業を放棄する者、病魔に倒れる者など出るに至り、われわれの不安は焦燥にかわった。ただ、北国の大自然と七十星霜の伝統だけが、われわれを慰撫激励してくれた。当時作られた寮歌が、過去に生れた幾多の寮歌にも増して多く歌われたのは、憧憬の生活が低迷する時代の現実に超然たり得ぬ哀愁があったからであろう。嵐の中の歌声と、原始林の中に夜毎にともされた灯の光は、やがて生れ出る何ものかの胎動のきざしであった。」とのべている。ちなみに当時の寮歌に次のようなものがある。

流転永世の旅衣、
四大の神秘尋《と》はんにも
若き生命の寂寥に
遠き真理の曉星一つ
起伏知らに慕いゆく
孤影粛々の荒野に消えぬ

生命の旅路厳粛の
啓示に慴く友垣と
若き恩寵の聖火に狂い
淋しき魂を睦ぶとき

挽歌消え行き洋々の
自由の渚、濤声どよむ。（昭和二十年寮歌）

＊

厳しかる道に仕へて
限りある玉緒惜しむ
げにさはれ深き因縁の
魂ゆする生命の饗宴
汲まざらめや残んの月に
旅の朝早くは明けぬ

時潮の波の寄する間を
久遠の岸に佇みて
不壊《ふえ》の真珠を漁りする
嗚呼三星霜の光栄よ
緑の星を夢む時
疎梢を払ふ天籟は
秘誦の啓示語るなり。（二十一年寮歌）

戦争という暗い谷間をやっとぬけ出した若い生命は、先ず失われた貴重な時間を取り戻そうと試みた。彼等にとっては新しく与えられた民主主義がどのようなものであるか、すぐにはよく分らなかった。然し今まで聞かれなかった「言論、結社、信仰の自由」などということばに強い魅力を感じた。むさぼるように、書物を読んだ。多くの哲学書、「共産党宣言」「資本論」等がその中にあった。

当時の学生は一様ではなかった。戦争中在学していた者、予備学生、陸士、海兵等から復帰し編入学された者、徴兵解除となって一、二年級友よりもおくれた復員学生、学徒動員から戻った者などが机をならべていた。

「学校は戦火を免れても宿舎にはいれず宿舎が見つかっても食糧が足りなかった。闇の食糧はあっても金はなく、金を得るにも職がない。職は得られても勉学と両立せず、勉学するにも書物がなかった。学生生活は根底からゆさぶられていた。すでに終戦前から現れていた人心の頽廃は、生活不安とともに昂進し、人は権利を唱えて義務を忘れ、正義とは他人をせめること、自由とは恣意であるかのようなありさまであった。このような環境は青年の視野を単に現実だけに限って、静かに理想を追求するひまを与えなかった。若い魂は現実と、理想の相克に悩み苦しんだ。併し敗戦は大きな贈り物を与えてくれた。思想、研究、言論、集会の自由がそれである。もはや思想的環境には何らの障害もない。われわれには〝真理への愛によって人類に貢献〟する任務が課せられている。」と当時の記録はのべている。

大学復興

学内の過渡期的な混乱は、開学七十周年の昭和二十一年にもつづいた。然し何らかの解決の道を得ようとする動きがなかったわけではない。「北大」を今一度見直そうとする考えが強く現れて来た。すでに、二十年十二月頃、文武会の流れをくんで、学生、教職員、先輩をふくめた全学学友会を作ろうという動きがあった。二十一年になって、これが実を結んで全学を一丸とした親睦団体が生れた。大学祭その他を計画し、荒らされた庭をもとのようにしよう、エルムの鐘も元通りにしよう、クラークの像も再建しようと協議した。また寮においても、二十一年の一月に自治再建の声があり「寮生各自の持つ人間性に基いて、過去に拘泥せず、伝統を再検討して新寮風を振起」することを誓った。

昭和二十一年九月二十七日、戦後いち早く活動をはじめた北大YMCAの招きで来学した矢内原忠雄教授が中央講堂で行った講演は、学生に強い感動を与えた。「私が内村鑑三と新渡戸稲造と一つの縁につながり、先生と呼び弟子と呼ばれて志を受け継ぐことが出来たのは、非常に喜ぶべきことであります。彼等は明治初年、学問を志し札幌の地に学んで以来、長く日本国の建設のために生涯を捧げたが、然し両先生歿して未だ浅きうちに、日本国は壊滅したのであります。私の結論を簡単に申せば先生の理想とした日本が打ち建てられていたならば、今日の如き悲惨な事態はあり得なかったということであります。……国を再興せんとするには、私達は札幌農学校時代に立帰って、近代日本建設の一歩を踏出すべきであります。ここで私は両先生の人物比較論をする積りはありませんが、両先生に共通であった思想、精神について学びたいと思います。……両先生ともに七十歳以上で世を去られましたが、嘗っては少年であり、青年でありました。そして正しいヴィジョンを、アンビションを見ることを教えました。これはわれわれの中に血となり肉となっております。共に万邦の親善と融和のために命をすてたのであります。ああ、勇士は仆れたるかな。ダビテがヨカナンを歌ったが如く、私共は両先生の屍を前にして、何の為に両先生は仆れたかを考え、彼等の武器をひろい上げて前進しなければならないのであります。両先生はたおれ、日本の外見は亡びた。然しこれを以って日本が亡び、永久的に奴隷的な状態に沈溺すると思うものには恥辱あり、自ら蔑むものとしなければなりません。亡びたものは亡びさせよ。キリストにありて神にありて、われわれがこの日本を復興する道と力と志は、われわれが内村、新渡戸両先生の後を継いで自ら立たねばならぬのです。諸君のおかれたところの位置をよく考えて下さい。日本を再起する力は必要であります。それが札幌の力であり、この内村、新渡戸両先生の後賢であると自覚する諸君の中から生れて来ることを、衷心より希望する次第であります。」

この中で矢内原教授は、それまでの学生がアンビションを忘れていたために、このような事態になったのであり、今こそ見失われたアンビションを実現すべく努力しなければならない、それこそ、学生に課せられた仕事だと強調したのである。

理学部堀内教授らの新鋭職員が中心になって、大学復興の叫びが強く叫ばれ「大学のあり方研究会」を持って学内の注意を引いたのが、同じく九月二十七日であった。各学部学科のいろいろな民主化の動きと共に、大学の若い研究者の間に「研究室、学会、社会に存在する封建制を打破し、自由を獲得しなければならぬ。そして研究にたずさわるだけでなく、科学を一般に広めるためにも関心を持つべきである。」という民主主義科学者協会(民科——一九四六年一月誕生)の主旨に賛同する者が集り、その支部が結成されたのも、やはりこの九月であった。

この頃から「学校の伝統」とか「大学の真のあり方」が真剣に批判され出した。二十一年の九、十、十一月の大学新聞は、この問題に関して広くスペースをさいている。その中で、次の二つに当時の主流をなしているとみなされる意見が最もよく現れている。

「何処の学園にも伝統がある。わが北大の伝統を語る時、人は遠く札幌農学校初期の創業精神、あるいは内村新渡戸の伝統をいう。もっともなことであり、われわれはかかる伝統の学園に学ぶことを、誇ってよいと思う。然しながら現在われわれは、札幌農学校以来の伝統にプラスすべきものがなくてよかろうか。また伝統をそのまま受け入れて満足していてよかろうか。思うに伝統とは、過去の遺産であると共に、現在においてなお生きているものでなければならない。

それは過去の歴史的事実ではなくて、将来において無限に発展すべき萠芽をふくむべきものであって、こうした見地から伝統は作られたものより、創り出すべきものへの、創造的発展的過程でなければならない。今わが学園の現状を見るに、徒らに懐古的伝統に憧れている人びとが多いのではなかろうか。いな、その匂いすら見出せないのが現状ではなかろうか……これからの北大は、真理探求の府としての学風の建設こそ第一と思う。そしてすぐれた学者が輩出する学園でなければならない。こうした意味から、クラーク先生の『青年よ、大志を抱け』は、時代を超越した不滅の金言である。」（医学部I先輩）

「私は現在、北海道帝大に学ぶ諸君からデモクラシーの生きた忠告を求められるならば、ただ、札幌農学校のあの〝ビー・アンビシャス・ボーイズ〟の自由な意気と、民主的な心構えに還れ、と勧めたいのである」（N氏）

伝統と云う古くさい言葉に対して何か反発を感じながらも、彼等はその内容となっている自由な思想と民主的な気風が、実は七十年以前に、札幌の地にクラーク博士によって種をまかれ、立派にそだっており、それが何時しか忘れられていたことに気がついたのである。

このような状勢下で、北大初の試みである二日間の学内開放を行う全学あげての大学祭が催されたのは、十月十七日から二十七日までの十一日間であった。単に教室開放だけでなく、演劇、オーケストラ、マンドリン、合唱、邦楽、公開講演、運動競技等が行われ、全学園が市民に開放された。

苦難の学生生活

終戦後の最初の冬は苦難の絶頂であった。「学ぶ」よりも「食う」ことが緊要な問題であった。代用食の毎日の生活で栄養失調を起し、戦後の不安と混乱は学業の目的すら影をうすれさせた。ついに下宿の生活が不可能となって東京へ帰る途中、四十時間以上もかかる車中で栄養失調のため倒れたものもいたという。

食糧難もひどかったが、石炭不足も深刻で、二十年十二月十七日から翌年三月十四日までの三ヵ月間、北大開校以来の長期休暇を実施しなければならなかった。

スチームは全部止った。一講座に一つのストーブがやっとたける程度で、研究はほとんど中断された。温室の熱帯植物は全滅し、植物園の誇りであったランのコレクションも大打撃を受けた。恵迪寮は四月一日開寮したが食糧事情を反映して意外に集りが悪く、休暇明けの学生の出席率は理学部では僅か五十%位であったという。

学校の敷地は各学部、学科で割り当てて区切り、教室単位で畑を作っていた。「石ころだらけの土地を耕して、ほんの僅か豆をとりました」と農学部のK助教授は当時を思い出して苦笑していた。北大名物の芝生のところは、かなり良い収穫があったということである。

食糧事情はインフレーションが進むと共にますます悪化し、特に敗戦のために学費支給の道を全く絶たれた樺太出身の学生や、下宿生活の学生は、中産階級の没落の影響と相まって極度に困窮した。学問に強い執着を持ちながら、学業を放棄した者が少くなかった。こうした学生を救い、宿舎の問題を解決するため、当時の宇野予科長は二十一年四月、市役所、帝国製麻会社等をかけずりまわり、どうやらベッドとマットを二百人分借り受け、五十を寮に置き、残りは予科の教室を解放して彼等の救済に当てた。学友会の発足と同時にその厚生部は「働きながら学ぶ」信条を掲げ、夏期休暇中に奔走して得た僅かの基金で書店、喫茶部、食堂などの施設を置いて、アルバイトの場所を作った。現在の完備した学生書房、中央食堂、楡影寮等は皆このような意図から生れたもので、ここに百人近くの学生が働きながら学んでいる。アルバイトということばが論文作成というそれまでの意味から、「学資をうる為に労力奉仕をする」と変って来たのも、この頃からである。

下宿難や下宿事情の悪化も、原因は社会事情の悪化という深いところにあるので、解決は容易でなかった。東京では下宿人組合を結成して、活発な運動を開始しているのを見て、北大でも学友会の厚生部が中心になって二十一年十一月に、札幌下宿人組合を結成し、値上げ反対、追出し禁止など、下宿生のために大いに活躍した。また政府に対して給費制度の要求など、学生は自らの手で自分らの生活を改善しようと努力した。

冬期危機を救え!!

二十一年の夏の休暇は食糧事情を考慮して、二ヵ月間の長期に及んだが、冬は、石炭不足のため、ふたたび研究放棄の危機に見舞われた。寒冷地での石炭不足は研究機能の停止ばかりではなく、研究機関の存在を根本から脅かすものである。ボイラーの火が一度消えると実験用動植物の凍死、実験用薬物機械の破損、動植物、医学標本の変質、水道管ボイラーチューブの破裂等が引きつづいて起る。しかし学校には一万四千トンの必要量に対して三千トンの在庫しかなく、それに対して具体的対策は何もなかったので、十月にはいって、この危機を救えと、学生たちは起ち上った。各学部では学生大会を開いて打開策を討議し、全学協議会は、同じく石炭の問題に悩む全道の専門学校等に呼びかけて、具体的解決の方策を建てた。講義を放棄するという点に一部の非難はあったが、学生は勤労隊を組織し、自分の手で石炭を掘り学問や研究を守ろうと、相次いで出動した。工学部は三井美唄へ、理学部は新幌内鉱山へ、医学部は幾春別へ出動し、約五十%の報償率で石炭を獲得した。

この動員は学生に非常に多くの教訓を与えた。まず第一に団結の必要である。従来、重要問題の決定権はすべて教授会が握っていて、学生は勿論、助手会、助教授会でさえ、手をふれることが出来なかった。伊藤学長は「正しい理論の通過しない時代は過去った。殊に大学は理性の府であり、道義の郷ではないか」とはいっていたが、実際には学生の意見など一顧もされなかった。しかし学生はいま、学校当局の解決できない学園の重要問題をみごとに解決してみせたのである。彼等は自信を得た。また全道の各専門学校への呼びかけは横の連絡の必要性を痛感させた。さらに鉱夫たちと接触して働くものの立場や、意見を理解したことも、大きな収穫であった。坑内の労働は学生たちに自分たちの生活の改善に対しても、解決の自信を持たせ、今までの学友会厚生部のような福祉的施設だけに満足していられなくなった。二十二年四月になって経済組織としての実質的発展と、全学的な協同組合の設立が必要であり、学生の自治組織と強力に提携しなければならないと、各学生団体代表から提案され、北大協同組合が設立された。学友会厚生部は全面的にこれを支持し、協同組合に合流した。

波乱の寮生活

この困難な時代に、寮生はどのような生活をしたか、ふりかえって見よう。食糧難のために各学校の寮は相次いで閉鎖されたが、恵迪寮だけは最後まで頑張り通した。しかし、自治寮であるだけに、その経営の苦心は並大抵ではなかった。なんとしても寮生三百名を飢えさせないようにしなければならない。欠配つづきの時代に委員になったものは、食糧の調達に追われて、勉強しているひまはなかった。寮生の中には青年らしい正義感から不正をするぐらいなら「食わないで我慢する」という者さえあった。といわれても、空腹の三百名をすてておけるものではない。委員は勉学を犠牲にして、いろいろな苦労をしなければならなかった。それを見た宇野予科長は、ある程度委員の成績が悪くても進級させた。

寮生には酒と煙草の配給があった。が、当時の寮生は禁酒禁煙であったので、委員はそれを米その他と交換した。こうして朝は粉団子または海草めん、昼はさつま芋三本または、とうきびのかゆ、夜は、混ぜものの米の飯という献立をどうにか維持したのである。当時の寮の食事に「手稲の白雪」（マッシュ・ポテト即ち馬鈴薯をつぶして牛乳をかけたもの）「藻岩の緑」（南瓜をつぶして牛乳をかけたもの）「ザーメン料理」（みがき鰊のミルク煮）などがあり、委員が頭をしぼって考え出したこの料理は、寮生の歓迎をうけた。食糧はとぼしかったが「しかし寮の食堂には伝統的な礼儀があった。上級生は絶対下級生よりよけい食わない。もし食った奴がいると軽蔑された。」と理学部のU先輩は、当時を思い出して語っている。

委員の努力にもかかわらず、食糧はなお不足した。そこへ、委員の一人が、学校では農園のイモを横流ししているという話を耳にした。寮生は大いに憤慨して、さっそく学校側へ「公定価格で譲ってほしい。」と交渉したが交渉は決裂した。そこで、「われわれは個人の資格でイモをアタックする。」と宣言し、全寮生は、その晩から「トッカン」と称して、隊を組み寮歌を歌いながら、農場へおしかけ、イモや南爪を失敬した。その結果、約八十俵のイモが農場から消え去った。当時の炊務委員U氏は「私たち委員は皆、退学になると覚悟していたが、学校では黙認してくれた。無茶なことをしたものだが、しかし実験用の袋をかぶせた唐黍や、南爪は絶体に取らせなかった。個人の畠から取って来た者があれば、即日退寮であった。果樹園のリンゴなどを取った時も退寮処分で、実際退寮させられた者が一人あった。袋をかぶった唐黍を取って来た一年目は、一同の前で制裁を受けた。」と語っている。アタックした食糧は寮の秘密の食糧庫にたくわえられ「手稲の白雪」などの材料となった。

男ばかりの生活はルーズになりがちで、鍵をかける部屋などなく、他人の物と自分の物との区別もはっきりしないような生活ではあっても、盗難事件は起きなかった。ただ当時二、三回起ったことがあるが、無情なくらい厳しく処分された。盗んだ者が分ると同時に、その学生の荷物がまとめられ、放寮になる。夜でも構わず追い出して、泊る所があろうとなかろうと、問題にしなかった。

学生と先生との交際は親密で、晩さん会などよく開かれた。戦時中禁じられたストームが再開され、酒をのんで街をのし歩くようになったのも、この頃からである。当時ある先生が寮へストームをかけ、一晩中太鼓をならし続けたという話は有名である。学生ばかりか先生までこういう調子で苦しい中にも楽しみがあった。F先輩は「あの頃の寮なら、おれは何時でも飛んで行ったものだが、今は行く気もしない。今の寮の空気はなじめない」と当時をなつかしがっている。

進駐軍問題　二十年九月二日、ミズリー号上の降伏文書調印とともに、北海道にも米軍が進駐して来た。進駐軍はまず北大へはいって来た。この米軍は規律正しいとはいえなかった。農学部の生物を中心とした研究室、教室の一部及び低温科学研究所の全部が接収された。彼らはそこで、熱帯生物とか、マラリヤの研究をはじめたので、低温科学研究所の機能は全く止ってしまった。中央講堂、現在の学生協同組合、予科の新館も接収された。そこに起居している米軍は学内で訓練をした。最初は互に接触をさけていたので、とり立てていうほどのトラブルは起らなかったが、学内の交通事故は急増した。

この部隊に代って来た落下傘部隊は、あまり質がよくなかったらしい。学内の秩序も乱れた。夜は男でさえ学内の一人歩きが出来なかったといわれ、米兵とパンパンの世界であった。U予科教授などは毎朝早くやって来ては、学生の来ないうちに学内を一回りしたなどという話も残っている。接収は一年半位続いた。宇野予科長の話によると、

「たしかに昭和二十二年か、三年のことだと思うが、北海道駐留軍司令官のスィング少将に北大総長が呼びつけられたことがあった。触媒の堀内教授は上衣を着ないで、ワイシャツの腕まくりをしたまま同行した。米軍司令部でそれではあんまりだと注意されたがとにかく皆で面会した。スィング少将は、気の毒だが、アメリカン・ボーイズは、故国では水洗便所とスチームのある所でしか生活していないのだから、真駒内基地の出来るまで、学校を貸してもらいたいといった。堀内教授は、札幌中の水洗便所とスチームのあるビルディングの大きさと、収容人数その他に関して、こまかいデータを持ち出して大学を使う必要はない。ほかの処を使ってほしいと、答えた。スィング少将が顔色を変えたので、一時は、どうなることかと心配した。しかしその後間もなく、予科の新館を簡単に明け渡してくれた。この米軍が撤退する時に沢山の米国図書を残して行ってくれたので大いに助かった。然し低温はまだ還してくれなかった。これは低温科学研究所が建つ時、海軍の予算が少し入っていたためと戦時中、陸軍の気象部隊に一部貸してあったためであろう。その後、堀内教授の努力で、これも返還になり、米軍は引き上げた。」

ということである。進駐軍に関しては新聞にも全然書かれていないので、はっきりした点は不明である。ただ

新聞にあらわれた事件に、農芸化学学生溝江宗武君ら四名が、二十三年十一月の感謝祭の夜、構内で二名の米兵におそわれ、溝江君が死亡したピストル事件、図書館前の雪を血で染めて医学部助手K氏が倒れていた事件などがあるだけである。その後学内は夜間はオフ・リミットになり、昭和二十四年二月、この問題も一段落を告げた。

二　自治会組織の発達

Y先輩は、戦時中の学生のタイプについて、次のようにのべている。何時の時代についてもいえることであるが、学生のタイプは三つに分けて考えることが出来る。まず第一のグループは、模範青年的なタイプで勉強も一生懸命にやるし、軍事教練も真面目にやる。しかし学校の成績は勉強する割にあまりよくない。いわゆるオンチ・タイプである。

共産党員の動向

第二のグループは寮生によく見られるタイプで、あまり勉強しないで、何かというとすぐ反抗し、命令にも従わない。しかし頭が悪いわけでなく、怠慢なだけである。少し頑張ると成績は良くなるし、また、ちょっとしたことにも大いに感激する。

第三のグループは数が少い。いわゆるニヒリストであり、哲学的冥想にふけるディレッタントである。勤労動員などで、とかくサボタージュを起すのは、このタイプである。第二のグループは、このニヒリスト・グループがサボったのをかばうため、物凄く働いたりするような気風を持っている。第一のオンチ・グループは、このような時、そっぽをむいている。

「北大生には、実行力のある二番目のグループが多かったためか、戦時中の勤労動員の時でも、予科生はどこへ行っても好かれました。特に工員など下級の人に、非常に好かれました。特権意識などというものを意識していなかったからだろう。ところが、この実行力の伴なわないニヒリスト・グループが戦後いち早く、共産主義者となって活動を始めたのです。それを見た私たちは、彼等に何が出来るものかという気持と、先を越されたような感じを同時に受けました。」

この一見矛盾したような現象も、理解できないことではない。戦後の思想的空白と、空腹は、本を読んではニヒッていたニヒリストたちを、いち早く共産主義に感激せしめただけなのである。実行力のない彼等は厳しい現実について行けず、しだいに脱落してしまったようである。彼らは学内を騒がすことはしないで――出来なかったのであろうが――直ちに党へはいった。このグループには理学部系の者が多かった。（註 理学部は開学当初予科出身者が少く、他の高校から入学したものが多かった。その中には、転向して入学したものがあった。彼等は卒業後研究室に留りそれが戦後若い学生の指導的役割をしたのである）このグループが、共産主義にいち早く感動し、実際に行動面ではあまり活動しなかったにせよ、一般の学生に、ある影響を与えたことは注目に価しよう。

自治組織への目覚め

昭和二十一年七月、学友会発足直前に、一部学生の間から教授職員を除いた、学生の自治組織確立の急務が叫ばれたが、北大的なものに還ろうという気風にあった大多数の学生に否決された。

しかし、二十一年の秋から「冬期危機打破」のために炭鉱に出かけたことがきっかけとなって、次第に高まってくる民主的な思想と、全学的な組織の中にあって、学生は団結することを学んだ。即ち、十一月十四日農学部に於て石炭問題に関する学生大会の席上、学生自治組織の確立、全学協議会への学生参加への要求が決議された。又他の学部でもこれに続いて立つ気運が熟して来た。この間の事情については、本章第一節「冬期危機を救え」の項でもふれたが、しかし、これ等の動きもそれだけに止まって、後はあまり活発な活動が見られず、その団結の意図は、自治会組織に発展せず、北大の一つの特徴であった学内の親睦を計る学友会としての方向に向った。

二十一年の十二月、文部省の「教職員追放令」によって、北大でもそれぞれの独立の審査委員会を設け、教職員の審査を行ったが、理科系大学であるだけに、一人の不適格者も出なかった。

折も折、東大の末弘、安井教授問題をめぐって、官立大学に跋扈する派閥問題がはしなくも明るみに出た。学生の手による学問の自由、教壇の自由の確保が叫ばれ、封建遺制の打破を目ざして、教室の民主化のために、現実の把握の不充分な教授の不信任を計った。唯一の文科系の農業経済学科では、この問題に最も活発で、あやうく、N教授が血祭りにあげられるところであった。また宇野予科長も戦時中の言動が問題となって、予科学生大会で共産党員の学生につるしあげられ不信任をつきつけられた。しかし当時の学生党員は、さほど実行力を持っていなかったためか、または宇野予科長は寮生などに「きらわれて慕われていた」ためか、寮生グループの必死の引き延ばし作戦によって、この学生党員の策謀は阻止されてしまった。

しかし、二・一ストが行われ、社会党が第一党になって片山内閣が成立した二十二年が暮れて二十三年になると、学生党員の勢力は次第に伸展して行った。まず新聞部を手中に収め、学内細胞を着実に作って行った。この細胞は二十三年四月、マルクス・レーニン主義研究の学生団体として認められ、それ以後公認学内共産党細胞として活動を始めたのである。当時は皆簡単に党員となったものである。中にはもちろん筋金入りの党員もいたが、簡単に党員になり、簡単に脱党した連中が多かった。これに反して数年後の学生層には、このような現象はあまり見られない。当時、北大職員組合が活動を始め、学生との協力を要望していたが、一般の学生はまだ「大学は大学生のものだ。職組など、われわれの問題に対して余計な事をいうな。」(Y先輩談)というような状態であった

学友会の衰退と自治会の成長

学友会は、その尨大な機構のため、何かとスムーズな活動を妨げられ、厚生部を残して次第に衰退していった。厚生部は僅か十名であったが、無返却の給費制度を実施したりして、大いに気を吐いていた。

学友会が発足以来半年でこのような状態になったのは、次のような事情であろう。学生の生活は苦しく、アルバイト学生が千八百八十名もあり(そのうち九十%が筋肉労働を行っていた)単に教職員との親睦を目的とする学友会は、時代の緊迫の中でなまぬるい感じを抱かせたのだろう。

「いわゆる組織活動として全国学連と手を繋ぎ、学生生活の向上に努めることも、また全北大生の意見を結集することも出来ず、しかもいたずらに機構が大きいため、委員と会員とが遊離してしまった。即ち、雲上委員会と名付けられる始末であった」(北大新聞)

そこでこれとは別な自治組織の必要性が認められて来た。この学友会が衰退して行ったことは、北大的なものに帰ろうという戦後の動きを脱し、新しい自治組織への息吹きを感じさせる。このような傾向が必然的に理学部に自治組織を作り上げる気風を高めていたが、たまたま、総長招待評議員慰労会が、年末に理学部会議室で催さ

れた時、某課長が酩酊して醜体を演じた事件に対し、一部学生が大学当局に抗議し、これがきっかけとなって、実質的な自治組織の誕生が促された。

予科の桜星会でも、自由会という分派が出来たりして、次第に刷新されて行った。このように危機を打開しようという熱意が、直接間接に学生生活を支援する自治会を作りあげようとする熱意に変り、この要望は全学へ拡がって行った。すでに自治体形式の組織をもっていた医学部、工学部、法文学部、予科、土専、農専も次第に実質的な自治会へと発展していった。ひとり取り残された感のあった農学部も、二十三年四月頃までに農学部学生自治会として発足し、ここに全学的に自治組織が一応完成を見たのである。

新しく芽を吹いた学生の自治運動は、昭和二十三年の国立大学、高専の授業料値上げに反対するストライキ運動を通じて急速に成長し、全国的な統一を達成した。即ち同年六月の全国大学高専代表者会議は、「授業料値上げ反対闘争を、教育復興闘争にたかめること」を確認して、四項目の要求をかかげて文部次官と交渉、この会談が決裂すると、六月二十二日から全国百九校がストライキに突入した。

北大では法文、農、工、農専、土専、予科が全国学生に呼応し、室工大、一師、三師（今の学芸大学分校）などとともに盟休を決行、二十五日中央講堂前で開かれた教育復興学生蹶起大会には約五百名の学生が結集した。この闘いの中で、市内高校をふくめた札幌学連が結成され、九月には、全日本学生自治会連合（全学連）が結成をみるに至った。

次官通達　このような学生運動の盛り上りに対して、文部省は、二十三年十月九日、次官通牒で国、公、私大学、高専、師範学校長及び地方長官に対して、正式な見解を通達した。その要旨は次のようなものであった。
一　学生の政治研究、批判の自由は学校内外を通じて尊重されるべきだが、学園の政治的中立性を乱すような学校内の政治活動は許されるべきではない。
二　学生が個々に結社に加入する自由は禁止してはならないが、特定の政党の支部またはこれに類する学外団体の支部を学校内に設置することは、出来るだけ避けられねばならない。
三　学内の政治的活動の限界は、その学校の性格、学則、学生の身分年令などを考慮して決定さるべきである。
四　学外の横断的組織が個々の学校（校長・教官・学生をふくむ）の意志を外部から拘束するようなことは、学校自治運動の性格からも許されるべきでない。
五　学生と労働者とは社会的地位と責任を異にするものであるから、学生運動が労働者運動に範をとったり、またこれと協同することは適当でない。
六　わが国の政治が国会民主主義を建前としている以上、学校外における政治的活動に於ても、学園内の自治活動に於ても、直接行動や成心ある少数者の支配をしりぞけ、公正なる選挙権の行使と、全学生の総意の正しい反映のために、全ての学生が積極的な協力を示すとともに、毅然として自分の意志を表明する確信と勇気を持つよう指導されたい。
〔附記〕　一　学生団体が一般政治活動をする場合には正規の手続をとらすこと
二　官公立学校の授業料値上は国会の議決を経たものだから厳重に施行すること

三　理事会法案については現在研究中である

以上が有名な次官通達の全貌である。

この当時は、二十三年二月、片山内閣が倒れて後、芦田民主党内閣が出来、七月、政令二〇一号を以って公務員の罷業権と団体交渉権をうばい、憲法が保証する基本的人権を公然と否定し、しかも自らは九月、昭電事件で気息奄々、正に第二次吉田内閣が成立せんとする頃である。即ち政府はその抑圧の手を学生運動にのばしたが、それは、『『政治的中立』という概念で、学生運動の範囲を限定し、また『学校長を通じて学生の意向の反映』という概念で、『学園の諸問題解決に無能な教職員では、教育復興は実現されないと認識した学生の、意志具体化である学生運動』の本質をうばう恐れを多分に持つ」（北大新聞）ものであった。

この当時の北大の学生運動の実体は、どのような状態であったか、二十三年十月十四日の北大新聞によってみよう。

「全学組織結成へ――地区学連の強化――全学会自体として、このような業績をあげながらも、当初から直接業務が一部学生の手に委ねられ、インテリゲンチャの最弱点である実践の欠如を端的に現わした学生大衆の動きは、時の経過につれて次第に指導者との間にギャップを生じ、浮き上りが表面化して来た。評議員、ひいては各部、科、自治会全委員の、学生からの遊離の直接の原因は、各委員の責任というよりも、全学会の発展に於ける客観的状勢が成立当時に比して深刻化し、教復スト等、真正面から政府に衝突する大きな政治問題となって、信念なく指導者に従っていた学生個々が、己の立場の容易ならぬことを認識し、全学会を批判の対象としながらも、積極的な強化策に乗り出さなかったことである。また評議員会に附随してその手足となり、授業料問題、教復スト前後の華ばなしい活動を示した書記局が、現在の実際勢力がわずか四名という驚くべき事実をあげることが出来よう。

これらを解決する方策として、先ず評議員会の構成を現状に即するように再組織することと、執行機関である書記局の陣容強化であるが、これらの前提となるのは、あくまでも各個人の意志と関心である。学生は単に真理の探求のみに没頭出来る特権的存在ではない。学生であると同時に、社会の基盤の上に立つ一員なのであり、口先だけで民主化を唱え、象牙の塔に閉じこもろうとする考え方は、最も卑怯な封建的な考え方である。現実の問題を恐れることなく直視し、これを分析し、正しい方向に突進しなければ、学問の自由どころか、国の存在も危いのである。」

三　新制大学の誕生

北大は理科系の大学でありながら、偉大な文化人を多数、社会に送り出しており、文科系の色彩もあったのである。従って文科系の学部を設置することが多年の念願であったこと

文科系学部の設立

は、先に農科大学が帝国大学になった時の、佐藤総長の抱負をみても良く分る。特に理科系大学の弱点を戦争中、わけても終戦時の混乱期にまざまざとみつけられた北大関係者は、文科系学部の必要性を痛切に感じたのであった。

そこで二十一年九月、学生有志、伊藤学長らの異常な努力によって、北海道帝国大学法文学部期成会が結成さ

れ、道民与論の喚起に、寄附金の募集にと、具体的活動をはじめた。十一月にはどうやら、設置案が文部省に採択されるようになった。しかし、維持資金三百万円、不足分約五百万円は期成会の努力によって集めねばならないものであった。

法文学部の予定講座は哲学科、史学科、文学科、法律学科、政治経済学科、合計四十講座からなるものであるが、文科の設置と同時に男女共学の方針がとられた。そこで札幌農学校に併置されていた女学校が廃止されて以来はじめて、学園に女子の入学者をみたのは、昭和二十二年、七十二名の志願者中の三名である。

この法文学部が定員百二十名で、昭和二十二年六月十五日、伊藤吉之助部長のもとに発足した。新学部の理想は「他の法文学部の弊害を避け学問的な運営をする。繩張り争いを排する意味で、講座内容の狭い名称を表示せず、史学第一、史学第二というように番号で呼ぶことにする」というのであった。これは文科系の主任である伊藤吉之助と、法科系の主任である杉之原舜一との持論が期せずして一致したもので、最初は人文学部と称するアイディアのもとに、広く人文科学の綜合研究センターとしようというものであった。

新しい大学の在り方

昭和二十一年が混迷の年であったとすると、昭和二十二年は進むべき道がようやく発見された年といえよう。学校のあり方という問題に対しても徹底的にメスが加えられ、新しい大学はかくあるべしという確信が、一つの方向に向って進み出した年でもあった。昭和二十一年春、米国教育使節団の勧告によって、明治初年にしかれたままの教育体系の数多の矛盾が指摘された。その結果教育刷新委員会の手によって六・三・三・四の新学制が二十四年春から施行されることになった。北海道大学でも「大学のあり方研究会」等で、進歩派の民科を主流とする教授が中心になって、この問題を研究した。二十二年二月の北大新聞には「新学制と大学」と題してこの問題をとり上げ、旧制度の短所を次のように論じている。

「在来の学制はそれ自身、小学、中学、高校、大学の正系に対して、多数の枝葉的傍系を有していたため普遍性を欠いていた。即ち多数の国民の受けた傍系教育である青年学校、実業学校、専門学校は不完全な非学問的な

教育を授けることによって、差別的な地位を作りあげた。なおまた女子に対しては全く門戸を閉ざして、封建的な日本女性の位置をおのずから決定せしめていた。これらを打破し改廃し系統を一本建として、義務教育年限を延長し、女子に道を拓き、各段階を一応完成教育とした意図は十分認めてよい。

更にわが教育制度の欠陥は、文部省を頂点とする中央集権化によって教育統制を行い、これが少数の官学優位を認めさせ、学閥派閥の横行を促進し、学問の自由を否定したのである。従って学者は象牙の塔にこもり、専門外のことは何もしらないという片輪となった。学制の改革はこうした悪習の打破もふくまなければならない。

第一、文部省の指令がなくては何事も出来ない現在の制度を変革し、一般行政と教育行政の分離なども早急に行われて然るべきである。大学は徹底的に官僚行政を脱し、自主制を

保持しなければならぬ。

第二、大学という文化生活の場所は、学生が自ら学ぼうとする専門学科を自由に選定し、自ら学んで研究する場所でなければならぬ。在来の鋳型押込教育は一掃されなければならぬ。卒業証書が人間の価値を、若しくは社会的地位を決定することのないようにすることも肝要である。それでこそ英才教育も自ら行われるであろう。また教師は共に研究し、指導する存在とならなければならないし、無為な教授は陶汰駆逐され、教授の椅子は派閥横行を許さない民主的方法で充塡されなければならぬ。学者は相応に優遇されるべきことも勿論である。

第三、学部の割拠をさけるために、教授は適時交流すべきであり、学生はその希望と試験によって、何れの大学にも交流しうる制度をととのえ、また広く講座選択の自由を与えられなければならぬ。

第四、大学はその能力に応じて何人も学びうる場所でなければならぬ。米国のスカラシップやソ連の国家による学生生活の保障の如き制度を前号（北大新聞）で要求したが、さらに夜学、土日曜の大学やホーム・スタディ・デパートメントの制度を設けるべきであり、殊に私学はこの役割を果さなければならぬ。

第五、現在の専門学校は大学となるが、この転換は各学校の名称変更と、教授のずり上り的名刺の刷り替えだけであってはならぬ。より実質的なより根本的な変革とならなければならぬ。最後に大学としては、労働大学、師範大学の新設を切に希望したい。以上要するに在来の弊を一擲し、真に大衆のための大学が生れなければならぬ。単なる形式的改革、年限と看板のぬり替えは毫も必要はないのであり、教育の根本理念の変革こそ重要なのである。真の学制改革は、官僚主義によって成し得られないと結論し得よう。民主的な方法によって、民主的な制度が打ちたてられて『各人は社会のために、社会は各人のために』が新制度を貫く本義とされなければならぬのである」

　このように昭和二十一年十月から昭和二十二年六月までの九ケ月間は、封建的障害を突破する新制大学への批判や希望が討議されその帰結として「大学のあり方研究会」は二十二年三月「北大大学制度審議会」となり、六月二十六、七、八日理学部会議室で開かれた大学制度審議会に於いて結論的に大綱を決定し、七月七日中央で開かれる「大学設立基準設定協議会」に提出されることになった。

　これらは松浦、堀内両教授の進歩的意見が強く表現されたもので、終始大学本来の使命の遂行上、障害となるものに対して大胆にメスが加えられている。その要点を述べてみると、

一　大学と教育行政

大学が自治公共体として発達するためには、従来のように中央機関（文部省）の画一的行政ではなく、地区的行政機関の確立がのぞましい。

大学が存在している地方から遊離している傾向を是正し、地方文化の向上と民生の発展に寄与しなければならない。

国家的な大学行政面の統制も、官僚でなく、大学人自らなさなければならない。即ち大学連盟のごとき機関を必要とする。

二　大学の性格と使命

大学は学術の理論及び応用を教授し、その蘊奥を考究するという従来の考え方は「多重人格的弊害」が多く、新制大学は「職業教育機関」と「研究者養成機関」即ち大学と、大学院は分離する。

三　大学の体制
大学は職業教育機関として必要な専門知識を授けるのを目的とする。従ってその構成は学科を基礎とする。
大学院は純粋の学的研究の場所とし、研究と研究者養成を目的とする。従ってその構成は人物本位とする。
その他の制度に関しても細目にわたって改革の案を立てたものであった。勿論それまで北海道帝国大学と称されていた名称を北海道大学とするという一項も含まれていた。

名称の件は二十二年九月三十日、政令二一四号を以って決定した。

新しい大学作り　二十三年一月には大学制度改正実行委員会が設置され、新制教官の銓衡を開始し、二月には大学設置基準対策委員会が、更に三月には新制大学制度対策委員会が設置され、同委員会は教授候補の人選をはじめた。

「大学のあり方研究会」から出発した教授連は、この北大を日本一の新制大学にしてみせるという意気込みで新しい教養料の教授に「大学の名誉教授クラスの教授を当てる。東大・京大より一年先に新制として出発する」として、予科的な旧制度にそこはかとない郷愁を抱いている多数の教師を黙殺して、北大の改革を強行しようとした。最初、新制の教養学科は今までの予科の機能がそのまま当るという意見に傾いていた教授会も、進歩派教授の熱意の前に屈した。「少数の意見ではあるがその理想論には聞くべきものが多々ある。すべてをH教授M教授に委すから、北大のために最も良いと思う通り改革して欲しい」といって、一代の名予科長、宇野親美は新しい改革の前の障害になってはいけないからと、その職をなげうって旧制の予科とその運命を共にしたのである。

かくして二十四年一月、松浦教授を議長とする教養学科に関する特別委員会が設置された。新制教養学科の人選はこのような経緯から「学位を有するもの」を第一として着々と充実して行った。教養学科主任には市川純彦教授が決定した。又長い間主のなかったクラーク像も、昭和二十三年十月八日学生の努力によって再建された。

一方新設の法文学部はその設立資金の内、七百万円を期成会が作りあげなければならなかったが、学生が真剣に募金運動を行って四十万円を作り上げた以外、期成会の成績はかんばしくなかった。そのため、最低十万冊必要な図書もわづか二万冊にすぎず、予定した教授連の招聘さえ危ぶまれた。

大学の危機

折も折、新制国立大学法案による研究所設備の縮少の線に沿い、北大の触媒研究所は東京工大へ移転するよう通告を受けた。この通告は北大学生に強いショックを与えた。

また二十四年四月に開講の予定であった新制大学も、政府予算の削減で事実上不可能になり、入学は四月、開講は九月という変則的な状態であった。その上、教職員の低賃金は、北海道の地理的条件と共にいろいろな経済問題を生み、ほかの有利な地位を求めて東京などへ去る教授が相ついで出た。理学部数学科などは優秀な教授、助教授は殆んどいなくなるという状態になった。また松浦教授も二十四年三月、理学部長に選出されて、教養学科の問題から手を引かざるを得なくなった。かくて、最初の目標であった一般教養の充実は未完成に終るような結果となった。

教養学科の学生は教授人選の難航にあって、入学はしたものの講座も決定せず、四ヵ月間放置されたままであった。学生にとっては思わぬ貧乏くじをひいたことになった。

学内は予算の不足のために荒廃していた。二十四年九月十九日の北大新聞に次のような記事がある。

「エルムやクラークの胸像というものは、多くのことばや行動以上に有力に北大を表現する力を持っている。

それだのに最近のエルムや、芝生はあまりにもあわれな状態である。何か手を打たなければ、緑したたる巨樹の木かげにあったクラークの胸像なども、数年後には荒野の秋風にさらされるなどということにもなりかねない。林学科のK教授の話では、エルムの樹齢は大体二百五十年位だという。北大のものは法文学部前のものを除いては昔からあったもので、倒れた樹幹をしらべてみると、既に樹齢に達している。従って枝を鎖でつるすとか、朽ちた部分を切りすててセメントを塡めるとか、外科的手術が必要だという。十年前に比較するとエルムの数は少くなっている。戦争中、防空壕の材料に枝が切られ、戦後は暴風に倒され、切株ばかり目立つようになった。キティ台風でさらに四本も倒れた。折れた大枝は十本以上もある。また、かつての芝生の美しさは、戦後の学生には想像も出来ないだろう。新しい道が芝生の中に四通八達する。毎年金をかけて手入れをしても焼石に水といった形だ。林学科の学生が緑化週間に植えた小さなエルムの葉をむしりとりながら、軍靴や下駄ばきがゾロゾロと、芝生を踏みにじって行く。K教授一人だけの嘆きではすまされない問題である。」

文部省から示された「大学法案」は中央審議会に、国立大学教育委員会として、大幅の権限を与えていた。それればかりか一県一大学の原則に沿って、地方財政に予算を求めていた。学問の殿堂としての目的を放棄して、単なる職業人を作る建物に過ぎないというような規定である。エルムを倒した台風のように、「大学法案」というものが、北大の学舎にも襲いかかっているのである。すてておけば学園はその芝生と同様に荒廃するであろう——学生は起ち上った。反対運動を起した。全国各大学、民主団体などと足並みをそろえて、各学部毎に反対決議を行った。また職組、予科教授会、法文教授会、理学部教授会等も同様の反対を声明し遂に街頭署名運動まで展開した。この激烈な反対の前に、大学法案は日の目を見ずに葬り去られた。法文学部の基金募集はあまりはかばかしくなく、たまたま募金興行を行ったH興行の不正が明るみに出た。これは学生に反省の機会を与えた。「H興行の不正ばかりが問題でない。期成会と、これを援助してゆく学生の薄い関心が問題なのだ。まじめに大衆にアッピールし、強力に運動を推進しなければならない。学生は真剣になって学内民主化運動を起すべきで、真に学校を愛するならば学生運動の強化こそ最大の急務なのではなかろうか。」と強く考えされられたのであった。

文相事件

七月五日に高瀬文相が来学した。この機会に深刻な大学の危機を説明し、実情を聞いてもらうため、午後一時半から中央講堂で、「北大を守る会」が学生の手で開催された。教職員、学生ら五百名がつめかけた。堀内触媒研究所長から「予算不足と周囲の封建性が支障になって、研究は全く壁に突当った。東京転出も止むを得ない」と、法文科問題については杉之原教授から「活動しない期成会の責任を追及すること、新設はあくまで国庫負担でやるべきだ」と、また学内事情の石炭問題について、本部事務官から「現状のままではまた長い冬の間の不足はさけられない」と、新制大学制については松浦理学部長から「最初から不満足な構想と思っていた計画さえ、現在では手のとどかぬ理想となってしまった」と、それぞれ北大の現状と一般情勢を説明し、満場一致で文相に来場を懇請したが「時間がない」といって拒絶された。しかも要求した解答に責任のある答弁をせず、文相は農学部長室へはいってしまった。

約二百五十名の学生たちが農学部玄関前に詰めかけ、代表は会見をもとめた。しかし文相は振り払って乗用車に乗って出発しようとしたため、憤激した学生たちは人垣を作った。強引に突破しようとする車と学生群の間に約五分間にわたって、死闘がくり返された。車内の随員は「警官を呼べ」と叫び、大坪学長代理は手を振り上げて学生をしずめた。学生代表も車の上に登って「会議体制に戻ろう」と声をからした。文相は遂に下車した。そ

して、

「触媒研究所、削減された育英資金についての重要性はよく分るが、予算の都合上やむを得ない。石炭代が九大と同一比率であるのは全く気の毒だ、学園の出来事は学園自身の自主的判断で解決すべきだ。大学法案は全然存在もしていないのに反対するのは当らない。次官通達は教育基準法に対する文部省としての解釈を示したもので、誤解されているのは遺憾である。経済復興と同様に教育は重要であるが、餓死直前では制約もまたやむを得ない。法文学部は当然国費でまかなわれるべきだ。」と約二十分にわたって語り、定山渓温泉へ去った。

この事件の最中、二名の私服警官が学生につかまった。彼等は「おれたちの来ていることぐらいは知っているだろう。公務妨害だぞ」と口走ってさらに学生を憤激させた。抗議を受けた警察当局は、「君たちのいう通りならば巡羅中の行動として適当を欠く。今後正しい学生運動は弾圧しない」と謝罪した。

この文相事件は一見単純な出来事のように見えるが、大学教育の危機を防ごうとする熱意が表面化したものとして注目されてよい。当日集った教授連の中には、研究室以外に余り顔を出さない者が少くなかった。そのような人たちでさえ、北大の当面する現実を黙視できなくなったのである。そして、私服警官を学生自らたくみにさばいたことは、将来学生運動の強力な試金石となった。

新制大学の開講

新制大学は八月四日開講した。これは五月三十一日法律一五六号によったもので、学部としては法文学部、教育学部、理学部、医学部、工学部、農学部及び水産学部が認可されたものであった。そして函館水産専門学校を併合、北大附属土木専門部は室蘭工業大に包括された。研究所としては低温科学研究所、応用電気研究所、触媒研究所が認可された。新設の教育学部は二十四年二月に設立委員会が組織され、初代部長には教育評論家の城戸幡太郎が推された。

しかしふたを開けた新制大教養科は、教授陣容の不備、教室の不足、煖房設備等の点で、不平がおこらずにはいなかった。しかしこの窮状も他の大学に比して、旧帝大であった北大は予算的に最も恵まれていたのである。

まず英独語の講義は、各組平均六、七時間もの空白が続出した。S教授の法学講義は中央講堂に八百名の全教養科学生を押し込め、しかもマイクなしでは、すみずみまで声がとどかなかった。また文類は旧武道場を使用し理類は予科校舎を使用したが、予科生（旧制、二年目以上）の夏休み終了と同時に行き場所がなくなった。旧農林専門部、水産実習所の建物の改修にかかったが、急場の間に合うはずがなかった。

鉛筆募金

いずれも「過渡期の悩み」であった。その中で法文学部では設立資金獲得に奔走しなければならなかった。法文学部学生自治会は「全道民に対する法文学部建設募金獲得鉛筆運動」を展開し、活発に街頭へとび出していった。学生、教授はすでに何回となく、道議会と交渉していたが、しかし民自党と社会党との間の政治的かけひきの種に使われて、いっこう進展せず、力と頼む期成会は不徳興行を行うという有様で頼りにならなかったのである。

学生はこれに対して、無言の抗議を示し、「われわれだけの手で一千万円の資金を集めよう。」と提唱した。道民一人に一本ずつ鉛筆を買ってもらったら三十万ダース、一千万円の利益を上げることができると、帰省している者にも檄を飛ばし、この運動は全道に広く浸透して行った。

鉛筆募金は成果をあげて、たちまち二百万円を突破した。これに刺戟されて道議会の五百万円、札幌市議会の百万円、小樽市議会の百万円、北教組の二十八万六千円の寄附が集った。開講以来二年目幾多の波乱を経て一条の光を見出したのである。この成功に力を得て新制大学の実質的発足を前に、懸案の法、文、経三学部独立要求を文部省に提出した。これは二十五年四月一日認められて文学部と法経学部に分離、昭和二十八年に至って法学、経済学部はそれぞれ独立した。

農学部関係では、大正二年の発足以来「馬伝染性貧血症の研究」「世界最初の人工ガン」などで四十年の歴史に輝く畜産学科が二十四年春、獣医学科となり、さらに二十七年三月三十一日、獣医学部に発展した。深刻な研究費不足から前途を危ぶまれていた触媒研究所は、二十四年春、文部省の認可を得た。

しかし教養科では相変らず教授不足に悩み、旧予科の教師で他に移ったものまで呼び戻した。が、しかし、独語の三教官の離学は休講欠講を決定的にした。この傾向は水産学部、文類に於いて最もひどく、水産では語学がどうやら続けられるだけで、文類でも統計、論理は開講の見込みがなく、社会学、古典学、法学、経済学は時間表にのっているにすぎない状態で、学生の不満は漸く強く表面に現われて来た。

「新制大学が旧制大学と異る特色は一般教養を重視し、つめ込み主義を廃し、学生諸君の自発的修学に重点を置いたことである。その目的、構想はみごとであっても、質を思えばはなはだ危惧の念に耐えない。校舎の狭隘、設備の不充分、教育研究費および生活費の不足、学資の枯渇等……。しかし、これは大学のみでなく、日本全体の問題であり、危機である」と、入学式に臨んで学長が訓辞をしたが、そのことばがそのまま、新制大学の実状を説明するものである。新大は「質が悪い」と悪評を残したが、その罪の源は浅い処にあるのではない。

健康保健

学生は自分たちの健康問題に対して積極的な眼を向け始めた。学生生活の悪化とアルバイトの強化によって全般に健康状態が悪くなり、休学を必要とする結核性疾患者数は百三十にも及び、学生の健康保険問題が熱心に討議された。二十四年九月医学部、農学部各自治会が学生健康保険組合の設立を提唱し、十月末に新しく発足した全学自治会の連合協議機関である全学協議会が正式にこの問題を取り上げ、十二月になって「百円の組合費を納入すると学生健康相談所の診療、治療費の全額免除を受けられる」制度が決った。柳医学部長はじめ医学部、病院等の協力援助によって、この制度は充実して、労働過重のアルバイト学生にもはじめて療養の明るい窓口が開かれたのである。

四　学内の平和運動の消長

平和攻勢

まず当時の時代的背景をながめて見よう。昭和二十四年は総選挙で民自党が過半数をしめ労農運動に対して次つぎと弾圧体制をととのえていった年である。四月の団体等規正令、五月の労働法規の改正、三十万の民間企業労働者の職をうばい、また二十六万の官公庁労働者の首切り、下山事件、三鷹事件、松川事件……とつづき、二十五年にはいると、米国の極東政策の変化に伴い吉田首相は、議会で自衛権は放棄せずと言明して、四年前の言葉を忘れたかのように憲法の民主、平和の規定をふみにじったのである。

これに対してコミンフォルムは日本が軍事基地化され、植民地化されたと指摘し、共産党とすべての民主勢力が米日反動勢力と闘うべきことを強調して、共産党内の右翼的偏向――アメリカの占領政策を軽視して、議会活動を中心とする平和的手段による革命を主張する――をきびしく批判した。朝鮮の事態も急迫して来た。この批判に答えてか、日本中に平和攻勢が大きく波打ち始めた。日本学術会議有志の平和声明をはじめとして各学会の平和声明等は、コミンフォルムの指示によるとか、平和ということばは共産党員が叫ぶものであるというような声があるとしても、学生はこの「平和」に対して素朴な共感を示し、渇望を持った。「原水爆反対、軍事基地反対、全面講和」をスローガンとして「北大平和を守る会」が作られたのはこの時である。また全面講和について南原東大総長と吉田首相の対立が各方面の反響を呼んだのもこの頃のことであった。

イールズ博士の来学

このような情勢下に、アメリカのCIEアドバイサー、W・C・イールズ博士及び、学生団体アドバイサー、D・タイパー氏は、「大学の自由について」「大学に於ける学生団体の役割について」と題し、二十四年七月十九日新潟大学を皮切りに、各大学を講演してまわり、その行く先さきで次つぎと問題をおこした。この講演のテーマは、共産主義教授の追放を叫ぶものであったが、五月二日、東北大学では講演中止となり、二名の学生が公務執行妨害で逮捕される騒ぎがあった。イールズ、タイパーの両氏が北大に来たのは五月十五、十六日であった。以下主として「北海道大学評議会イ事件実情調査報告書」にもとずいて、事件の経過にふれて見よう。

この講演会開催について、三月六日に文部省から通知があった。伊藤学長は、「イールズ博士講演の内容は大体、各地に於けるものと同一であると推定できる。聞くべきは聞き、訊すべきは訊し、冷静に判断するのが大学人のとるべき態度である」との考えを表明したが、開催の決定を議決しなかった。(これが後に学長責任追求の起った大きな原因となった)東北大学事件後の五月九日の学部長会議では、北大主催の形で開催することに決定された。その時は学長不在のため、学長代理松浦教授が五月十日、学生代表と打合わせ、学生の懇談会の公開の要求を全面的に受け入れ、そのかわり学生にも会議に参加することを強く要請して学生側と「紳士協定」を結んだつもりであった。このため、各自治会が強気になる傾向を生んだ。そこへ職員組合を加えた全学大会実行委員会が誕生した。これによって学生の行動には職組の政治的な動き方が加味され、道学連の指令の線に沿って、この実行委員会が主導的役割を演じることになった。しかし学内は、不気味なほど平穏であった。

五月十五日、朝、札幌駅に出迎えた学長、松浦教授らは、イールズ博士に講演会だけでなく、懇談会も公開したいと申し入れ、その承諾をえた。十五日午前九時ごろ、講演会のはじまる前に、学長から「イールズ博士の会はすべて公開とする」と言明があり、午前のスケジュールは無事に終った。

イールズ博士の「大学の自由について」と題する講演の要旨は次の通りである。

「憲法をもって戦争を放棄した、唯一の民主主義国家が成長するかしないかは、主として知識的な指導者にまつもので、彼らを養成する大学教育、およびその研究の自由が保証されているかどうかは、きわめて重要な問題である。ところが共産主義は危険な破壊的思想であり、すでに確立された民主主義国家を暴力によって転覆せんとするものである。学問の自由の名のもとに、将来その国の指導者となるべき青年たちに、この危険思態を教えることは許さるべきでない。アメリカの三大大学、ハーバード、コロンビア、エールにおいても、はっきり共産主義教授追放の方針を出している。今私は六つの反対論を上げてこれを討論したいと思う。民主主義を破壊するものは教授としての資格がない、党員である教授に思想の独立はない、日本はアメリカより共産主義の危険性がより強い、教授は共産主義を自由に宣伝出来る立場にある、共産主義を研究する為に入党する必要はない、転ばぬ先の杖というが、その害毒の現われぬうちに追放することが賢明である」

午後の公開懇談会は「大学教育について」であったが、盛んな質疑応答があり、イールズ氏は常に受身で、司会者は閉会の辞で「素直にいって今日のイールズ氏の講演はシドロモドロであった」とのべている。十五日は午後四時、平穏のうちに終了した。

五月十六日事件

翌五月十六日の懇談会は、九時過ぎから同じく中央講堂で開かれた。イールズ博士の講演が終った後、職組のO講師は「きょうは懇談会のはずだのに、これでは講演会と変りがない。学生にも質問をゆるしてほしい」と発言した。司会は「この会は主として教官を対象としている。まず教官の質問をうける」と答え、北海道学芸大学長田所哲太郎が立って質問し、それだけで午前の部は閉会となった。午後は一時から中央講堂で「大学の教育について」と題して、イールズ博士と教育懇談会が催されることになっていた。定刻、会場は満員となった。聴衆の大部分は、すでに着席していたが、最前列を占めた実行委員の大部分は立ったままでいた。

イールズ博士と司会者松浦教授が入場した。松浦教授がまず登壇して「この懇談会は、教官を対象とした懇談会である。一時半までイールズ博士の講演を聴き、それから二時まで教官の質問と、応答を行う。その間に時間の余裕があれば、学生の質問を受けることにする。十五分間の休憩の後、総括会議の会場として四時まで学生の質問に応ずることにする」と説明した。

その間、実行委員の大部分は依然として起立したままで、その中の一人が司会者に学生の質問を許すように要求したが、それをきっかけにあちらこちらから質問要求の声が上った。司会者は「この会は学生の会ではない、学生のためには総括会議に時間をとってある」と応じた。イールズ博士は話し始めた。しかし立ったままでいる実行委員たちと、後方の声のために、博士の話が聞きとり難いほど騒がしくなった。学長が立って「静粛に。興奮してはいけない」とくりかえして学生を制し、聴衆の中からも「静かにきけ、司会者に一任」という声が起った。質問要求の声と入り混って、会場は漸く混乱しはじめて来た。

イールズ博士は演壇を退いて椅子についていた。司会者はイールズ博士に意見をたずねた。予定を変更しないという返事だった。司会者は「講演会で〝静粛に〟と制止するのは、非常に不名誉な事だと考える。だから私は諸君に対して、このことばを使いたくない。強いて静粛にといわなければならないようなときは、その代りに〝中止〟という言葉を使います」と学生にいった。再びイールズ博士がマイクの前に立ち、場内は静かになって、実行委員もようやく着席した。イールズ博士は「学生の質問要求を認めるにしても、すでに三十分以上の時間が失われている。十分の余裕を与えるから質問したい学生は質問書を作り英訳して提出してほしい」とのべて講演に移った。

しばらくすると、演壇に向って左側の二階から突然大きなビラがおろされた。ビラには「自由ナ討論ヲスルノハ学校側トワレワレノ約束ダ。コノ約束ヲ守ラナイノハ民主主義ノ敵ダ」と筆太に書いてあった。やがて「実行委員集れ」という声がかかって、委員の大部分が退場した。

この委員たちは、一時四十分ごろ、ふたたび席についた。その瞬間前と同じ位の大きさのビラが右側におろされ、そこに「我々ハ退場スルコトナク、直チニ懇談会ヲ中止シテ、コノ責任ヲ追求シヨウ」と書かれてあった。ビラがおりると同時に、数名の実行委員が立って進み、司会者に話しかけた。司会者は、マイクの前に立って「中止」を宣言し、イールズ博士に挨拶をした。

学生たちはイールズ博士と入れ交って演壇を占領してしまい、会は混乱のうちに終った。その間に学長、教官らは農学部五階の中講堂へ出かけ、イールズ博士も同行した。学生たちはぞろぞろと農学部へ向った。学長らは五階へ上ろうとしたが、四階から五階に上る階段の廊下は教職員、学生で占領されていた。職組のO講師、法律のO助教授が中心になって、学校側と実行委員側の共同の交渉委員会を持ち、今後の処置を考えることとなった。実行委員側は態度を決めるため、農学部前で約千名の学生と全学大会を開いた。

学長は農学部会議室で、実行委員側と打ち合せを行ったが、教官たちはいつの間にか退散し、松浦教授のすがたも見当らなかった。そこへ五人の学生が入って来て「中央講堂で、あのような事態にしたのは全学生の意志ではない。われわれはイールズ博士の話を聞きたいと思っている」といった。

この間に農学部のまわりはジープにとりかこまれ、完全に包囲された。やがて松浦教授がさがし出され学長と打ち合わせて懇談会の中止を決定し、イールズ博士は自動車に乗り、ジープとともに大学を去った。

事件の結末　翌五月十七日、全学実行委員十数名は北警察署を通じて、任意出頭の形でCICに連行され、事件をこのようにもつれさせた責任は学長に転嫁された。その直後の六月二十三日、教養科のスト決議を中心とする激しい反対にもかかわらず、北海道大学評議会では、関係学生の処分を告示した。即ち、退学四名、無期停学四名、停学一年一名、譴責一名である。学生にしてみれば、このような重い処分を受けるとは思いもよらないことであった。

勿論この事件は、全学生的な意志によったものではなかったかも知れない。しかし大多数の学生はこの処分に対して不満であった。六月二十二日の三千名以上の学生のアンケートに、実行委員の方針は正しかったが、テクニックの面に遺憾な点があったという者が五三％、処分の不満なものは八十％を示した。そして団体の問題の責任を一個人に転嫁させたことに関する不満が一番強かった。騒ぎたてたのは共産党員ばかりでなかった。農学部学生の一人は、興奮して壇にかけ上ったところを写真にとられ、無期停学の処分を受けた。やはり無期停学になった農学部学生に中国の留学生もいた。彼はその後中国に帰り「イールズ事件の英雄」として大歓迎を受けたという。

この事件を契機として学内共産党細胞に対する弾圧が強く起って来た。そして共産主義学生の主要な者は学園を追放されたが、しかし、それで平和勢力が一掃されたわけではなかった。学園外にも平和運動の声が高くなって、戦歿学生の手記「きけわだつみの声」が出版され、日本戦歿学生記念会（わだつみ会）が作られた。手記の映画化を契機として、平和運動が広く展開され始めたのは、この年、六月十八日からであった。やがて六月二十三日、朝鮮動乱が起り、わが国は米軍の前線基地となり、学生はふたたびめぐってくるかも知れない「わだつみの悲劇」をおそれた。一方この二週間後に吉田政府の警察予備隊新設が発表されたのである。

イールズ事件の反動による学生活動の制限は、ますます強くなった。学校当局では、七日廿六日の評議会の結果、東大共産党細胞公認取消し後、全国唯一の公認細胞として注目されていた共産党北大細胞の取消しを決定し七月二十八日、文化団体としての性格を逸脱し政治的活動を行い、学園の秩序を破壊したという理由書を発表した。この細胞は、二十三年四月マルクス、レーニン主義研究の為の学内団体として公認されたもので、O講師以下十一名であった。

さらに学校当局は、学生生徒団体に関する内規を発表、すべての団体の顧問教授を定め、学内の秩序を乱す場合は禁止されることになった。このほか他の団体との連絡協同、学内集会、印刷物の配付、掲示、署名投票、世論調査に至るまで届出を要することになり、新聞雑誌発行の場合は二部提出と規定された。戦時中に適用された内規の復活である。掲示内規も復活し、場所、内容、大きさ、期間まで制限を受けることになった。この決定は夏休み中に行われ、直ちに実施された。

これら一連の処置の終った八月二十三日、伊藤誠哉学長は「日本人とイールズ氏とを問わず、外来の客に対して、主催者側が講演会を中止しなければならないような事態を招いたのは、大学としてありうべからざる非礼な行為で、国家社会に対して、教育者として重大な責任があると思われる。この問題の解決は未だ完了したとは思っていないが、一応の善後措置を終ったので、この機会に私は現職を退いて責任を明かにする。」と、すべての責任を一身に引き受け、学長再選後一年に満たずに辞任した。

レッド・パージ

朝鮮事変の進展とともに政府、政府機関及び全産業部門から、一万二千名の共産党員、戦闘的労働者を追い出す「レッド・パージ」が行われた。この追放の手は学園にも及んで、イールズ博士の強調した〝赤色教授追放〟はポツダム政令六二号によって表面化した。九月二十六日付の青年新聞によると法務府特審局の第一リストの中には、北海道大学関係者に、杉之原舜一(法文)矢島武(農学部)松浦一(理学部)堀内寿郎(触媒研究所長)守屋美賀雄(数)の五教授をふくめて数百名にのぼり、非常に広範囲なものであった。

このレッド・パージに対して東京都学連、全学連を中心とする試験ボイコット、十・五ゼネスト、東大、法大早大などの警察隊の弾圧の下に行われた総蹶起大会などが果敢に行われた。しかしこの反対闘争は画一的スト戦術が失敗に終り、全学連は一応戦術転換を決定し北大、京大に見られる〝学園復興方針〟が一般的方針となった。ただ北大はイールズ事件の打撃で、いたって平穏であった。事件後の北大には全学的機関は何もなかったが、十月十一日、北大学生自治会連合が生れて、半年ぶりに再建され、画一的な行動指導に終始する全学連中執に対して明確な反対態度をとり、学内の身近かな問題の解決を目標として、地味な追放反対運動をはじめた。

京阪神各地の大学では教授らによる「学問の自由を守る会」が作られ、レッド・パージに強力に反対した。北大では百四十名の教授、助教授、助手の署名請願を学術会議に提出し、強力な具体的措置を要望した。職組でも反対を議決し、日本学術会議では全員が反対した。このように内外こぞっての反対の結果、レッド・パージは延期をよぎなくされ、本格的な審査ものびのびになり、遂に国立大学からは一名の犠牲者をも出さないで終った。イールズ事件によって方針を変えた北大自治会は「学生に広く根をおろさなければ」という反省から、サークル活動や講座充実、授業料減免などの諸要求を主とする方針に切り変えた。

二十六年四月、文部省は四月の新学期から、全国新制大学に三十五名の米人教師を配属することに決定した。北大では、なつかしいハロルド・M・レーン夫妻が招かれて、教壇へ復ることになった。イールズ事件で神経質になっていた学生は、外人教師配属は単に学術交流だけが目的でないとして反対運動を展開したが、島学長は「レーン氏は大学運営に関与するものではない」と声明を発表し、平穏のうちに、レーン氏は着任した。

平和運動への高まり

二十六年になると「全面講和、戦争反対、再軍備反対」のスローガーンが再び大きくとりあげられた。二十六、七年は、学内問題の改善の要求と共に、開学以来最もはげしい自治会活動が行われ、大量の学生が動員された年である。この二年間に起った事件は非常に多い。

昭和二十六年の活動は「全面講和」を以って口火を切った。即ち北大自治連では全面講和署名運動を展開し、「学内団体の主催及び実際行動」の禁止命令を押して強行され、参加者は二千を突破した。四月、選挙戦の間に北大民主民族戦線会議主催の市民大会で、州兵派遣反対を叫び、公安条令違反、公務執行妨害容疑で北大生を混えた市民六名が検束されて、学内に「学友を救え」の運動がまき起った。

七月には道学連の主唱で世界青年平和祭に応える「平和祭」が行われた。この月には、全世界に広く広まった平和を望む叫びが、朝鮮事変の休戦会談の開始となって現われた。やがて日本の運命を賭けた「単独講和・日米安保条約」が締結された。

このごろ札幌警察署ではパトロール強化の一環として、九月二十六日から学内パトロールを実施して、学内から「学園の自治」の破壊として、はげしい非難をあびた。十月十三日早朝、米軍の軍事基地作業にトラックにのって出かけるアルバイト学生に「軍事アルバイトは止そう」と呼びかけ、トラックの発車を阻止しようとした学生三名が、業務妨害などの容疑で逮捕された。

この出来事は深刻な衝撃を与えた。島学長は「警察が学園に介入したために事件が大きくなった。警察権力の介入は遺憾である。今後学生諸君は慎重に行動して欲しい」と、学園の自治侵害を責め、学生は不問に付された。恒例の秋の文化祭には「総合原爆展」が開かれ、一万余の市民を動員した。講和の批准国会に対して各大学と歩調をそろえて反対運動を行ったのもこのころである。天野文相の「国民実践要領」が世論の反撃にあったあとの十一月十一日、京大事件が起きた。天皇再神格化に対するささやかなレジスタンスであるが、この事件は国内外の波紋を呼び、大学自治に対する制限圧迫の兆候が見られた。

二十七年の入学式で島学長は、大学の自治についての責任をのべ「大学の自由は研究の自由を守る上に必要であるが、あくまでそれは法の秩序を守ることを前提としなければならない。大学の自治は社会の大学に対する信用から生れるものである。しかしこの自由とは勝手放題に何をしてもよいのとは違う。大学はあくまで治外法権ではないのである。」とその見解をのべた。

破防法反対活動　四月二十八日、日本は主要連合国との間に講和条約が発効し、六年八カ月の占領から「独立」へ前進したが、これに先立って、三月十七日、国会に提出された破壊活動防止法案は新版治安維持法であるとして、各方面に深い衝撃を与えた。

北大学生もこの法案に対して活発に反対し、三カ月にわたる破防法案撤回運動が開始された。全学連では、この法案に対して反対ゼネストを四月二十八日、五月一日に行うよう指令を発し、道学連でもこの線にそって「学問の自由と祖国の独立と平和のため」に闘争宣言を発表した。これは無論、破防法案の撤回を直接に要求するものであったが、間接には二十八日のいわゆる「日本の独立」に対する鋭い批判と反抗をふくむものであった。かくて各学部では連日のようにクラス会議を持ってこの問題に対して活発に討論を行った。この討論の結論は、法経学部（二十八日・一日）文学部（一日）教育学部（一日）の抗議ストライキとなって現われた。二十八日に開かれた破防法粉砕抗議学主大会は集りが悪く、「全学連の指令にもとずいた政治運動ならば、大学の政治的中立を冒す恐れがあるから許可しない」という大学側の方針と、衝突するような事態に至らなかった。

五月一日の東京のメーデーは空前の騒擾を引き起こし、「血のメーデー」として記憶に生生しい。札幌では平静に学生三百名が参加して行われた。五月七日、各学部約五十名の教授、助教授による「北大平和の会」が誕生した。「……戦前、良識ある科学者が戦争反対のつぶやきを独りもらしていたが、われわれはつぶやくことをやめて、お互に語り合い、正しい声を結集すべきである。……」という趣旨で、平和への意志を一段と明確にしたものである。五日八日、早稲田大学では警察乱入事件が起きた。

一方破防法撤回運動はその後激化の一途をたどっていたが、全学連は、五月三十日第三次ゼネストにはいるように、各大学へ指令した。これに応えてストライキを決議したのは、法経学部、文学部で、理学部は授業放棄を決議した。快晴のこの日、午前九時半から、中央講堂に千二百名の学生が参加して、自由擁護破防法粉砕全学総蹶起大会が開かれ、大会終了後約八百の学生が市中のデモ行進に参加した。

このデモは各学部執行部が責任を持ち、自分で交通整理を行いつつ極めて整然と行われた。この大会、デモが開校以来かつてない多数の学生を糾合しながら不測の事故を起さなかったのは、学生が皆、「学問の自由」「再軍備徴兵」への危惧を、強く意識していたからであろう。この日の破防法闘争こそ全学の意志が結集されたものであり、全学連の指令はあったといいながら、下からもりあがって来た動きであった。その意味でこの日の動きは、北大の破防法闘争の頂点と考えることが出来る。

破防法案撤回運動はさらに拡大し、最後の高まりを示した。すなわち、六月十七日、教養学部・法経学部・文学部、農学部がそれぞれストライキを決議し、北海道学芸大学札幌分校生と共に、両大学生千二百名の学生による市民大会デモが行われた。このストライキ、市民大会に対して、高倉学生部長は「学生の反省をうながす」という一文を発表した。

「……学生は学園にある以上、その特殊な条件によって当然制限を受ける。また学園の自治確保のためには特別の秩序を必要とする。最近の中央委の態度は、ことごとく学校当局と対立し、五・三〇デモ、六・一七デモ及び市民大会の際も、それが学生大多数の意志で決定されたからという理由で、学校当局の意向を無視して強行した。幸にことなきを得たが、こうした行動をみては、学内自治が確保し得られるかどうか、私は自信がない。私もはたして諸君らの相談相手として十分その責をつくしたかどうかを反省する。しかし学生諸君も猛省される事を希望する。あえて問う、十七日の行動がはたして、諸君ら大多数の意志であったかどうかを。」

これに対して、学生大会の決議を侮辱するものであるとの反論がとんだ。

北大教授団は「われわれは現に国会で審議中の、破壊活動防止法案が、学問思想の自由を侵害するおそれのあるものと考え、法案に反対する日本学術会議の声明を支持するものである。」と、六月十八日に発表し、態度を表明した。

しかし、「日本の全頭脳」をあげて反対した破壊活動防止法案は、七月四日遂に成立した。

朝日新聞七月六日の社説によると、「本法の各条項を濫用したり、拡張解釈したりして、国民の自由を不当に抑圧するような結果を生ずるならば、本法の存在理由そのものが消滅することを銘記すべきである」と、その運用について、堅くいましめている。

住民登録問題　破防法撤回要求に全力を傾けた学生運動は、七月にはいると、住民登録票の拒否をめぐって発展した。即ち六月末に「きたる七月一日午前〇時を期し、米軍と特審局の指揮によって市町村役場は、国民一人一人の動静を調査する。強制的に姓名や生年月日や本籍や現住所を調べ、直ちに本籍地の戸籍に照合して確め、米軍に提供する」というビラが学内にまかれた。このように、その登録票の性格を規定されると、「日本の再軍備」に対して脅威を感じていた学生たちは、ただならぬ動揺を受けた。登録票拒否の動きは全学寮を中心にして展開された。緊迫した空気は五日夜、恵廸寮の事件で爆発した。

北海道新聞によると、市役所北出張所長は約六十票集めた登録票を、五名の男に強奪された。大学側では警察の介入をことわって寮生大会を開いた。その五名は寮生ではなく外部から侵入した学生だと分った。侵入学生は警官隊に引き渡されたが、すでに恵廸寮前で登録票は焼却されていた。学校側は、「国法に対する公然たる反対であり断固たる態度でのぞむ」と発表し、評議会では主謀者三名の学生を一ヵ月の停学処分にした。

この事件は、学生が将来に対する不安と危惧を敏感に感じ取っていることを考えさせる。住民登録という何でもないようなことでも、額面通りに受け取ることの出来ない時代の悲しみを、ひしひしと感じさせるのである。

二十七年の夏休みにはいって学生運動は、学生大衆を動員する表面的活動をやめた。しかし個人を対象とした二、三の問題が起っている。その一つ、白鳥警備課長射殺容疑者として、農学部O講師、法経学部学生が逮捕された事件である。二人は麻薬イソミタールを使用（?）して自白を強要され、これに対して獄中ハンストを続けた。本部前にテントをはった声援の学生八名もハンストを決行、二人は遂に保釈となった。今一つ、教養部女子学生Tに対する官憲のスパイ強要事件がある。彼女は恐怖のために血管収縮性狭心症で卒倒した。この事実をたしかめる科学的根拠はない。だからといって、官憲の人権蹂躙の事実がなかったというのではない。

日経連声明　この強迫事件に先立つ七月二日、関西経営者協議会は「赤い学生は真っ平」の声明書を発表、ついで三十日には、日経連が工業クラブに東大、早大、一橋大の学長を招き、「学内の健全化を計らなければ、学生の就職は困難となり、その結果縁故採用も多くならざるを得ないこと、学校側でも、迎合主義的態度をすてて、もっと断乎たる措置をとること」を要求した、いわゆる日経連声明を出した。

日経連ではさらに十月十五日「新教育制度の再検討に関する要望」を発表し、就職危機の原因は、新しい教育制度の人間教育偏重にあり、専門的知識技術の貧困化にあるから、文部当局はこの点を改善して欲しいと要望し、採用試験の実績に対する中間報告などを発表して、全国の大学卒業予定者に深刻な打撃を与えた。

北大のその後の学生運動は沈滞しきって、特別な事件はほとんどない。これはひとり北大だけでなく、全国的な現象である。この原因はいろいろ考えられるが、まず前記の日経連声明以後の資本家攻勢がある。次いで、十月一日に行われた総選挙で、日本共産党が惨敗したことが考えられる。戦術を転換し、実力闘争主義から日常闘争へと変えたことによるのかも知れない。勿論、共産党と自治会とは別のものであるが、しかし、共産党の敗北は、自治会にも自己批判の機会を与えたと考えられよう。

五　新しい道をもとめて

現代の学生気風

学生がアルバイトと就職、この二つに最も大きな関心を持つのは当然である。だれしも一流大学へ殺到する。入学すると最も就職率のよい学科へ学生が群る。少しでもよい就職口をつかむ為に、少しでも「優」の数の多い卒業成績をとろうと焦る。

就職のために大学へ入ったに過ぎないという者も少くない。ある寮で共同で購読している雑誌の相談があったところ、それまでの「世界」が落ちて「週刊朝日」にきまったという。現代の学生の風潮をよくあらわした話である。現象的な面の尊重、世故にたけた現実主義、批判的精神、思考能力の欠如、打算的な配慮については、学内外からの批判の対象となっているが、I教授は昔をしのんで、次のようにいう。

「なぜこう誰でもかれでも、安定した無難な機械的な生活であるサラリーマンになりたがるのであろう。友人が皆そうするから、親がよいというからと、その時景気のよい会社へ殺到する。型にはまった考え方で無気力に無反省に、ずるずるべったりに死にたくなるほど単調なサラリーマンになる人間が余り多過ぎる。北大の先輩にはそのような気風はなかった。それぞれのアンビシャスを胸に抱いて、小市民的生活を軽蔑していた。危険をおそれず、やりがいのある生活に全力を集中するという人が多かった。」と。北大学生の気風は単に、北大の伝統だけによって醸成されるものではない。その時代時代の社会的背景の影響を考慮しなければ、正しく理解しえられないが、しかしこの教授のことばには、ただ懐旧談として一笑できない多くの示唆をふくんでいる。クラーク博士の遺訓の持つ意味を改めて考え直してみたい理由もここにある。学生生活を生かすのも殺すのも、我々学生なのである。

忙しすぎる教授

どこの教室をのぞいても教授たちは忙しがっている。研究室をのぞいても落着いた顔付で本を読んでいる教授は少い。新制大学となり大学院が出来、教授の講義時間数が増した上に、事務的な雑用対社会的な仕事も非常に増している。給料が安いので自然アルバイトにも手を出さなければならなくなる。「金持でなければ大学の学究生活はつとまらないという。そんなことがあってたまるものかと力んでこの道に入ったが、やはり……」

「心をうちこんだ美しい授業がしたい。学生にも大いに接触したい、しかし授業以外に学生と接触するには金と時間がかかる。内職をしないで本が買え、生活がたつようだったら……」

いずれも大学教授のいつわりない告白である。しかし多くの良心的な教授は対社会的なレジスタンスの中で、自分の生活を反省しはじめている。

真剣に学問にとりくんでいる学者としての教授の姿、そこから学生たちはいつか学問に対する尊敬と、情熱を受けるのである。

無気力を克服して

二十八年八月八日、北大新聞に、H文学部教授は次のようにのべている。

「生活の自治的な建設に協同しようとしない人たちが増えてきたと、あなたは悲しむ。社交ダンスは流行しても、研究サークルや、自治会はさびれるばかりだと、嘆く。心は重いが事実とみとめざるを得ないでしょう。われわれ教師の間にも、それに似た現象が少なからず存在するのを否定できません。無気力な現象を生み出すさまざまの悪条件を理解できないことはありません。多くの人が良書にしたしむため、時と部屋とに恵れていないという全般的貧困の外に、教課目の不合理があり、下級学校から持ちこされてきた新教育全体の不備があり、文教政策の拙さがあり、学校教育と社会的要求との背反があり、ひいてはこれらすべてにわたる国内政治の混迷があります。そしてわが国の政治をつつむ、暗いやましい世界政治が、それらすべてに滲透しながら、日常のやりきれない雰囲気となってわれわれをしめつけています。

これらの悪条件にとりかこまれて、窒息しそうではありませんか。無気力と呼ばれる現象の背後にある、このはげしい焦燥に誰が気づかずにいましょう。」

勿論悲観的な材料の多いことは否定できないが、しかし吾々はことさら大学は暗いといって嘆く必要があろうか。大学人は何時の時代でも、最高のコンモンセンスの持主である。いかに悪いといっても別の観点から見ると少なからずよい面を発見できるものである。客観と普遍性を忘れてはならない。ある時代のある一面だけとりあげて、ことさらあげつらうことは「われわれの最も恐れる偶像」を作りあげることになり勝ちである。「大学とは歴史とロマンチシズムで構成されたものである」といわれる位、その歴史を尊び、ロマンチシズムにあこがれる。しかし歴史が偶像となれば、それは現実から遊離し堕落する。

現実は残酷である。しかし吾々はこの現実をのろいはしない。いくらなげいたって何もならない。それこそ皆がなげかないと云う事をなげいたりするのは更につまらない。失われたものが大きいならば、それを十分に穴埋めすることはもちろん、その悔いと空虚を逆の力に作用させて、それよりもっとすぐれたものを作る決意をすれば何でもない。昔の夢によりかかったりくよくよすることは現在を軽蔑し己の無能を示すことに外ならない。

あれ程吹きまくった学生運動の嵐も、今は全くその名残りさえない。「全学連無用論」すらある。とはいえ、学生が「考える葦」でなくなったという意味ではない。平和とか、民族の独立を考えない学生がいるとは考えられない。学生の誰もが何かを求め、考えようという気持にあふれている。

「現代の学生が再びどこに道を拓くか」これは、今の大学にとって真剣な問題である。三十一年四、五月の大学新聞では多くの紙面をさいて、「B・B・A」を中心とするこの運動をとりあげた。そして多大の反響をよんだ。多くの学生が真剣に道を求め、道を拓こうと努力しているのは、見過すことはできない事実であり、その努力と意気ごみは、次第に高まっている。一般教養学部も、多数のサークルが生れ、相互の理解と研究を推進する時間が持たれている。教養学部には新しい図書室が三室出来た。その上サークル活動のため、誰でも自由に借りることの出来る部屋が数室設けられた。

昼休みになると、エルムの木かげの芝生に憩う耳に、ローン・コンサートの快いクラシック音楽が聞えて来る。クラーク像のほとりから「うたう会」の美しい合唱がひびいてくる。四年前、あれほど貧弱であった教養学部の講義もすでに充実した。杉野目学長以下の教授陣も積極的にサークルその他の集会に出席している。英語のレーン教授、独語のヘッカー教授その他多くの教授は、その家庭を週に一度、学生に開放している。時代を反映して学生生活もまた苦しい。だが、北辺の若人たちは、勉学への熱意を胸に絶えまない前進を続けている。より良い社会を作るために少しずつでも前向きの姿勢で……。

ボーイズ・ビイ・アンビシャスとともに……。

第四編　夢達成への長い道

一九五六	北大八十周年記念式典	日ソ国交回復
（昭三一年）	（BBA会学生会館寄附）	
一九五八	医学部附属病院一部焼失	一万円札発行
一九五九	クラーク会館寄附受付	安保反対デモ国会場内
一九六〇	クラーク会館開館式	全学連国会突入
一九六二	電子計算機センター落成	国産飛行機YS11初飛行
一九六四	（昭和三十九年）	東京オリンピック
一九六六	学寮規則の全部改正	航空事故多発
一九六八	（昭和四十三年）	東大紛争始まる
一九六九	いわゆる「大学紛争」激化	アポロ11号月着陸
一九七二	杉野目学長逝去	ウォーターゲート事件
一九七三	（昭和四十八年）	札幌冬季オリンピック
一九七四	恵廸寮一部焼失	小野田少尉帰国
一九七五	（昭和五十年）	ベトナム戦争終結
一九七六	北大百周年記念式典	ロッキード事件
一九七七	百年記念会館寄附	
一九七八	（昭和五十三年）	日中平和友好条約調印

一九八〇	医療技術短期大学併設	中国四人組裁判
一九八二	新学生寮規則制定	
	（教育施設から厚生施設へ）	
一九八三	恵廸寮閉鎖	青函トンネル貫通
一九八五	学術交流会館落成	
一九八六	クラーク博士没後百年	チェルノブイリ原発事故
一九八九	（昭和六十四年及び平成元年）	昭和天皇崩御
		中国天安門広場事件
		ベルリンの壁崩壊
一九九二	宮部金吾記念館開館	毛利宇宙飛行士宇宙へ
一九九五	教養学部廃止	地下鉄サリン事件
一九九六	新渡戸稲造博士胸像除幕	ペルー大使館人質事件
一九九八	（平成十年）	北海道拓殖銀行破産

第一章　クラーク精神はどこへ？

一 クラーク精神とは？

若さの維持

私が『北海道の青春』を編集したのは昭和三十一年（一九五六年）。今より四十三年前になる。当時二十二歳であった私も今や六十六歳。すでに『北海道の青春』を論じる年齢ではないと考える読者も多々おられるものと思う。しかし、現役の北大の学生や最近大学を卒業したばかりの若い諸君と会って話をしているかぎりは、私もまだまだ彼らより若いと言われる。

たぶんそれは、四十年以上前北大で培われた夢を今もって持ち続けているからにちがいない。あるいは、『北海道の青春』の編集を通じてクラーク先生をはじめとした北大の先輩たちが抱き続けた偉大な「夢」に直接触れることができたゆえかもしれない。

先輩たちのロフテイ・アンビションが強烈であったために、むしろ彼等が抱いた夢を現在に至るまで忘れることができなかったと言ってもいい。今、私たち先輩が後輩たちのために始めなければならないのは、一生忘れることのできないような夢を彼等に与えることではないかという気がしている。

「最近の若者には若さがなくなった」との言葉をよく耳にする。「最近の若者は、夢とか理想とかといった大きな志を失い、経済的安定を求めるか、自己にとって良いポジションを求めるのに必死だ」「実利的で自己中心主義である」「大学のため、北海道のため、日本のため、世界のためでなく、自分のための努力しかしない」というのがその理由である。しかし、いつの時代も同様な批判が繰り返されてきたのである。何も今に始まったことではない。先輩はいつでも後輩をそのように見がちであり、そうしたことと関係なく、やはり『北海道の青春』は今も、四十年前も、そして百二十年前も皆の心の中にあり続けているものであるはずである。

したがって、八十周年後の四十年にわたる北大の歴史を書くよりも、北海道大学の開学以来の伝統的な精神を私たちの心の中にいかに受け継いでいくべきかをここで記すべきだと信じた。すなわち、ここでは〝夢を持ち続ける〟つまり伝統を持ち続けることの必要性を強調すべきであるとの考えにもとづいて、この章を書き始めることにしよう。

クラーク先生の実像

最近、クラーク先生の帰米後の生活を基にして「クラーク先生は偉大な先生ではなかった」との話を度々耳にするようになった。時には「クラーク先生は古今まれなる詐欺師であった」といったストーリーにまで発展し、そのようなテレビ番組まで作られているそうである。

現にあるとき目の前で、札幌農学校でのクラーク先生の教えは必ずしも偉大なものではなく、とりたててクラーク先生、クラーク先生などと言う必要はないし、『北海道の青春』のような物語も今や遠い昔話で時代錯誤も甚だしいとまで言われたことがあった。

確かにクラーク先生は一年間、札幌農学校の教頭として（〝校長〟ではない）年間八千ドルの報酬で札幌に招かれていた。ただ、教鞭をふるったのは実際は八ヶ月でしかなかった。彼が契約期間であった残りの四ヶ月分の給料を返還したという記録はない。また当時彼はマサチューセッツ農科大学長として、そこからも給料を得ていたので二重に稼いでいたとの批判もある。特にクラーク先生の給料が当時北海道開拓使長官黒田清隆の年俸五千ドルよりはるかに高額であった事実を理由に、クラーク先生は金によって動く男であり、しかも契約不履行まで犯していると責める。しかしこれは、日本の事情しか知らない者が勝手に作り上げたストーリーである。

私はアメリカに約四十年いる。アメリカの大学では長期間（七年から十年）勤務した、いわゆるテニア・プロフェッサーには一年間の有給休暇が与えられる。そうした事情を知っている日本人は少ないので、ある意味で当然な誤解かもしれない。そのうえ当時の交通事情からすると、ボストンと札幌の交通に片道二ヶ月は要したことを考えれば、往復におよそ四ヶ月、差し引き八ヶ月間しか滞在できないのは明らかであった。契約の内容については当時の日本政府としても十分に理解し了解していたはずである。

もちろん、クラーク先生も一人の人間であり、人間である以上、人間的な弱さを持っていたのは当然であるが、仮にそうした面を割り引いたとしても、クラーク先生は名実共に良い先生であったと私は信じる。

弟子により作られる先生

良い先生というのは、どのような先生のことを指すのであろう。色々な考え方がありそうだが、一番はっきりしているのは良い弟子を生んだことで判断すべきであろう。その点クラーク先生は第一級の先生と言ってはばからないし、誰もクラーク先生の師としての偉大さを否定はできないはずである。クラーク先生の教えを直接、間接に受けたことを誇りにしている先輩はたくさんいるからだ。

しかしクラーク先生に直接教えを受けた二十三名の一期生の中には、佐藤昌介以外にあまり傑出した弟子が出ていない。有名な先輩である宮部金吾、新渡戸稲造、内村鑑三等は二期生であり、クラーク先生より直接の教えを実は受けていないのである。

記録によれば、島松での別れに際し有名なことば、「ボーイズ・ビー・アンビシャス」を残してクラーク先生が日本を去ったのは明治十年（一八七七年）四月十六日である。第二期生二十一名が札幌に着いたのは同年九月三日のことであり、当然のことながら彼等がクラーク先生と逢う機会などなかった。

思うに、北大のクラーク精神を作ったのは、クラーク先生より直接教えを受けた二十三名の第一期生というよりは、クラーク先生がどのような人間であり、どのような先生であるか知らない二十一名の二期生たちが中心になっていたような気がする。二期生はクラーク先生そのものに直接触れたことがないため、クラーク先生の良い面のみ強調されることになり、その結果出来上がったのがいわゆる〝クラーク精神〟なのであろう。

特に、東京英語学校（明治十年に発足した東京大学の予備校に相当する）に入る予定者で占められた二期生たちは、未開地であった北海道で自分たちの夢を達成しようとしていた。つまり、自分たちの手で北海道を近代的な文化、技術を兼ね備えた理想郷につくり変え、ひいては北海道のみならず日本を欧米に負けない近代国家に発展させようとの思いにあふれていた。

そのような気概に溢れた学生にとって、クラーク先生が残した言葉は感激に値するものだったにちがいない。クラーク先生の一言一言にやはり新鮮な驚きを感じたであろうし、それがまたよく人生の哲理に通じるものとして実感すれば実感するほど、クラーク先生の姿がよりいっそう偉大なものに映ったのであろう。

ビー・ジェントルマン

まず、当時の学生が最も感激したのは、クラーク先生が学生に対して絶えず「ビー・ジェントルマン（紳士たれ）」と語りかけたことである。学生たちは、クラーク先生が自分たちを一人前の大人として扱ってくれることに驚いた。さらに、そのように紳士として扱ってくれただけではない、師と弟子といった上下の関係にこだわらずむしろ対等に付き合おうとした先生の態度にひどく心を打たれた。アメリカでは、学生と先生がファーストネームで互いを呼び合い、友達のように親しく接するのは普通であったけれども、儒学思想の影響を強く受けた当時の若者にとっては、そのような先生の存在など信じられなかったに違いない。

爾来、「ビー・ジェントルマン」の伝統は、北大生にとって不文律の掟（原則）として受け継がれてきたわけだ。

しかしながら、アメリカではまだ小学校に入学する前の幼い子供を厳しくしつける際に言われるが、この「ビー・ジェントルマン」という言葉なのである。もしかしたらクラーク先生は、札幌農学校の学生をまだ一人前にもなってない、西も東もわからない子供と同様に見做してそのように励ましていたのかもしれない。まったくの余談だが真相はすでに歴史の彼方にある。

労働報酬

もう一つ、学生たちがクラーク先生に感激したことがある。札幌農学校では畑の作物の栽培や、牛や鳥の飼育が教育の一部として採り入れられていたが、こうした労働に対する報酬を支払うようクラーク先生は黒田長官と掛け合った。当時はまだ丁稚奉公なるものが盛んで、一人前になるまではほとんど休みなどなく無給に近い条件で働くのが当たり前だった時代にである。結局、黒田も労賃の支払いは認めている。

ところでアメリカでは、学生のアルバイトはごくありふれた光景と言っていい。資産家で有名なロックフェラーの息子でもアルバイトをしていたほどだ。クラーク先生はアメリカの習慣にしたがっただけであろうが、当時の日本の学生がクラーク先生に感謝し、それ故に先生を尊敬したのは仕方がなかった。

これは、今もまだ北大の伝統の一つに受け継がれている。最近では「部下の成功は必ず部下の業績として認める。そして、その褒美は部下に与えるべきである」といったごとく現代風にあらためられつつもあるようだが。

偉大なクラーク先生像はその弟子たちによって作り上げられたものだとは言えまいか。世界の歴史を見ても、偉大な師は偉大な弟子によって作られたものである。しかし別な目で見ると、偉大な弟子を育んだ先生はやはり偉大な人物なのではなかろうか。

私たち北大OBはクラーク精神を誇りに、それを後世に伝えていくべきである。

黒田清隆の偉業

北大の歴史を書くとき、クラーク先生の業績をあまりに過大評価した本が多い。しかし、黒田清隆の夢とビジョンなしに（その前身である）札幌農学校の設立はありえなかっただろう。黒田は榎本武揚が函館に立てこもった際の政府軍の総参謀だった。彼は総攻撃の前に、なぜか敵軍の将である榎本を救出している。北海道に夢の独立国を作ろうとした榎本のビジョンを理解し評価していたからだろう。榎本がオランダ留学によって得ていた知識をフルに役に立てようと考えていたと思われる。

明治三年（一八七〇年）、北海道開拓使が置かれた翌年に黒田は開拓使の次官として赴いた。その後、長官となり、以後、北海道開拓のための数々の将来の布石を打っている。たとえば、外国より大勢の高給コンサルタントを呼び寄せ、若い将来性のある男女をアメリカに留学させるなど、あらゆる手を尽くした感がある。また、かなり個性が強かったクラーク先生と時には衝突しながらも、クラーク先生を全面的に信頼してすべてを託していた。やはり、その度量の大きさと、夢があったそのビジョンなしに現在の北大は存在しない。

北大のスピリットと伝統は、黒田清隆とクラーク先生から直接、間接に教えを受けた当時の学生たちによって作られたものといっても過言ではない。

二　BBA会と北大

北海道の青春

昭和三十一年（一九五六年）、当時は左翼全盛の時代であった。ほとんどの学生が左翼的思想のもとに大学改革の理想に燃えていた。このような時代に逆うように、私は有志を募り北大の原点に戻ることを目的とした運動を起こした。「BBA会」の設立である。当初の会員は十八名にすぎなかった。大多数の学生にとって、私たちが掲げたスローガンは異質な感じがしたにちがいない。左翼の学生たちと対等に張り合うことはとうていできないので、私たちは私たち独自のやり方で彼らに勝負を挑むことにした。

その手始めに、北大の歴史を学生の手でまとめようとの話になった。幸いなことに、ちょうど北大創立八十周年の年であった。大学側でも、高倉新一郎農学部教授を中心に大学の総力をあげて北大八十周年誌の編纂作業が進められていた時であった。

自分たち学生の手で編集するのにこだわったのは、当時の学生らしい「先生から与えられる物」「大学から与えられる物」に対する不信感もあったように思う。なぜなら、私たちの世代というのは、戦争を境にして、それまで信じていた価値観がまさに百八十度変わった体験をしていたからであった。

北大創立八十周年記念

最初はその気になって、いろんな資料を集めてくれていたBBA会員も、一人去り二人去り、気がつくとひとりになっていた。最後の一ヶ月は朝から晩遅くまで一人で図書館にこもった。二十二歳の時である。当時、図書館長もつとめていた高倉先生は面白い資料を見つけるとすぐに呼んでくださり、色々と教えてくださった。

クラーク先生の孫にあたるウイリアム氏が出席した八十周年記念の式典のその日までに、私たちは『北海道の青春』と題した本を出版することができた。出版の費用は修学旅行用（当時の医学部学生は、三年から四年に進級する際、医療施設見学を兼ねた旅行へ出かけるのを通例としていた）に積み立てられた資金を、旅行をキャンセルし、それで賄った。一方、北大の正式な八十年史は間に合わなかった。『北海道の青春』は発売後、約三週間以上にわたって北海道のベストセラーとして好評を博した。

昭和三十一年（一九五六年）当時、北大総長（当時は学長と言っていた）だったのが理学部有機化学の主任教授、杉野目晴貞先生である。私は、先生の教室に教養学部より医学部に移る六ヶ月間在席していた。先生は私たちの出版計画をよく理解してくださり、時にはちょっとした励ましのお言葉をいただいた。また、初めて本を書くことになった私に、いろいろとアドバイスをしてくれたのが杉野目先生の隣の教室にいた物理学の中谷宇吉郎教授であった。先生は出版社のお世話までしてくださったのである。中谷宇吉郎先生は有名な雪の専門家であり、寺田寅彦の愛弟子であった。

エルムの木、植樹

BBA会の最終目的は、北大を〝日本で一番誇れる大学〟にすることであった。そのためにこそ北大の創立時の精神に立ち返るのであり、そして学生たちの手により、北大生のためのキャンパスをつくりあげることを目標とした。また、他の大学にないユニークな学生会館の建設も必要と考えていた。

しかし、学生会館の建設にはお金と時間がかかり、学生の力だけではほとんど不可能に近い大事業であるので、自分たちの手でできるところから始めることにした。それは、戦後、荒れ果てていた北大のキャンパスに一本でも多くエルム（ニレ）の木を植えて、かつて「エルムの学園」と称せられた、その名に恥ずかしくない環境をつくろうという計画であった。これは取るに足らぬ小さな試みだったかもしれないが、当時、一番身近でしかも一番大切な事柄であると信じた。それに長い目で見れば、一番成果の上がることのようにも思えた。

BBA会では八十周年記念にあわせ植樹が行なえるよう準備を進めた。会員一人が十本ずつ植えたとして約二百本。植えてしばらくは誰の目に留まらなくとも、私たちの卒業後十年、二十年、そして百年たてば苗は大木となる。たとえ今は小さな苗樹であろうとも、将来はエルムの学園の北大を立派に飾るものになる。これこそクラーク先生が北大に残していった精神に通じる。最初は小さくとも将来大きく育てばいい。

今でも覚えているが、エルムの苗木は大通り公園で一本十円で売られていた。会員一人が百円を出すのは、当時でもそれほど難しいことではなかった。しかし、杉野目学長は費用は大学で負担したいと申し出られた。結局、先生のお取り計らいで農学部演習林よりたくさんのエルムの苗木をいただくことができたのである。

それから四十五年が経った。北大キャンパスを訪れると、今や大木となったエルムの木が大学のキャンパスをきれいに彩る。その様子を目にする度に誇らしく思うのである。当時、少数派であったBBA会が達成したものは、大勢の左翼の学生が達成しようとしたものよりも、はっきりと大学に根づいている、と。

エルムの木の思い出　クラーク先生像の下に小川が流れている。この小川を挟んで二本のエルムの木がある。よく見ると、この二本とも幹が三つに分かれている。そのうちの一本、クラーク先生の胸像側にあるエルムの木は札幌農学校二期生の新渡戸稲造、内村鑑三、宮部金吾の三名にちなんだ逸話にしたがったものである。

本書（第一編第一章の五「その足跡」）の中に、その三人が卒業にあたり偕楽園の池畔で将来を誓う印象的な場面がある。もう一度紹介する。

「大学を卒業し社会に出たならば（他の同期生はわからなくとも、ここにいる三人だけはクラーク先生の教えを守って）、三人だけでも国と同胞のために一身を捧げようではないか」

その後、宮部金吾は札幌に残り、札幌を学芸の中心地にしようとして北大の現在の基礎を築いた。内村鑑三は、日本を救い、世界における日本の使命を果たす〝無教会主義〟キリスト教の創始者となった。新渡戸稲造は、「太平洋の架け橋になろう」と国際連盟の事務局次長としてアメリカのみならず世界中を駆け巡り、日本の地位向上と国際親善に尽くしたことはすでに記した。

さて、クラーク先生像の脇にあるもう一本のエルムの木、〝伝説の木〟のちょうど向かい側に立つそのエルムの木にも隠された秘話がある。これは当時、生意気にも私と私の弟二人の三人が偉大な三人の先輩の逸話にあやかろうと思って植えたものであった。

一人だけでもやる誓い

昭和三十七年（一九六二年）四月、私は医学部の大学院卒業と同時に渡米した。渡米する前、このエルムの木のそばで二人の弟と共に誓った言葉を今でも思い出す。

「これから俺はアメリカに行く。一番上だから新渡戸稲造のように世界に通じる男になれるようがんばるつもりだ。二番目の弟には、日本に通じる男になってほしい。内村鑑三がやったようにだ。下の弟は、少なくとも北海道に通じる男になってくれ。宮部金吾が今日の北海道大学をつくったように、お前も北大をこれからますます立派にしてほしい」

当時、ＢＢＡ会はもはや消滅状態であり、学生時代に志を共にした同志たちもすでにそれぞれの道に進んでいた頃の出来事である。私がＢＢＡ会の代表を退いてから五年が経ち、キャンパスは、かつては激しかった学園紛争の名残さえとどめないほど、すっかり落ち着きを取り戻していた。念願だった学生会館もその二年前に落成している。こうした一見平和な現実を目の前にして、私たちが必死になって守ろうとした北大らしさがどうしたわけか次第に忘れられ、風化していくような危機感を持ったのは私だけだったかもしれない。

この時、北大法学部を卒業したすぐ下の弟は東京で自治省に勤め、一番下の弟はまだ北大法学部大学院の学生であった。私の気持ちを理解してくれるのは、この弟二人以外に残されていないように、その時の私はなぜか悟ったのであった。他の者がたとえクラーク精神を忘れたとしても、少なくとも弟二人はわかってくれるはずだし、兄貴についてきてくれるものと信じたのである。

私が思うところのクラーク精神とは、すべての人がギブアップしても、己れが信じるかぎり決してあきらめてはいけない、それが大学にとって、北海道にとって、日本にとって、さらに世界にとって必要と信じたならば徹底的に忍耐強く行なうということに尽きる。これは、クラーク先生が生まれ育ったアメリカの古きよき伝統に根ざした、真の〝ヤンキースピリット〟とも言うべきものなのであろう。

残念ながら、私たち兄弟は三人ともに偉大な先輩の足元にも及んでいない。けれども、私たち兄弟で植えた木がすくすくと大きく育つ様子を見る度に思い起すのである。がんばらなければいけない、と。この木は私の夢達成のための努力の泉とも言える。

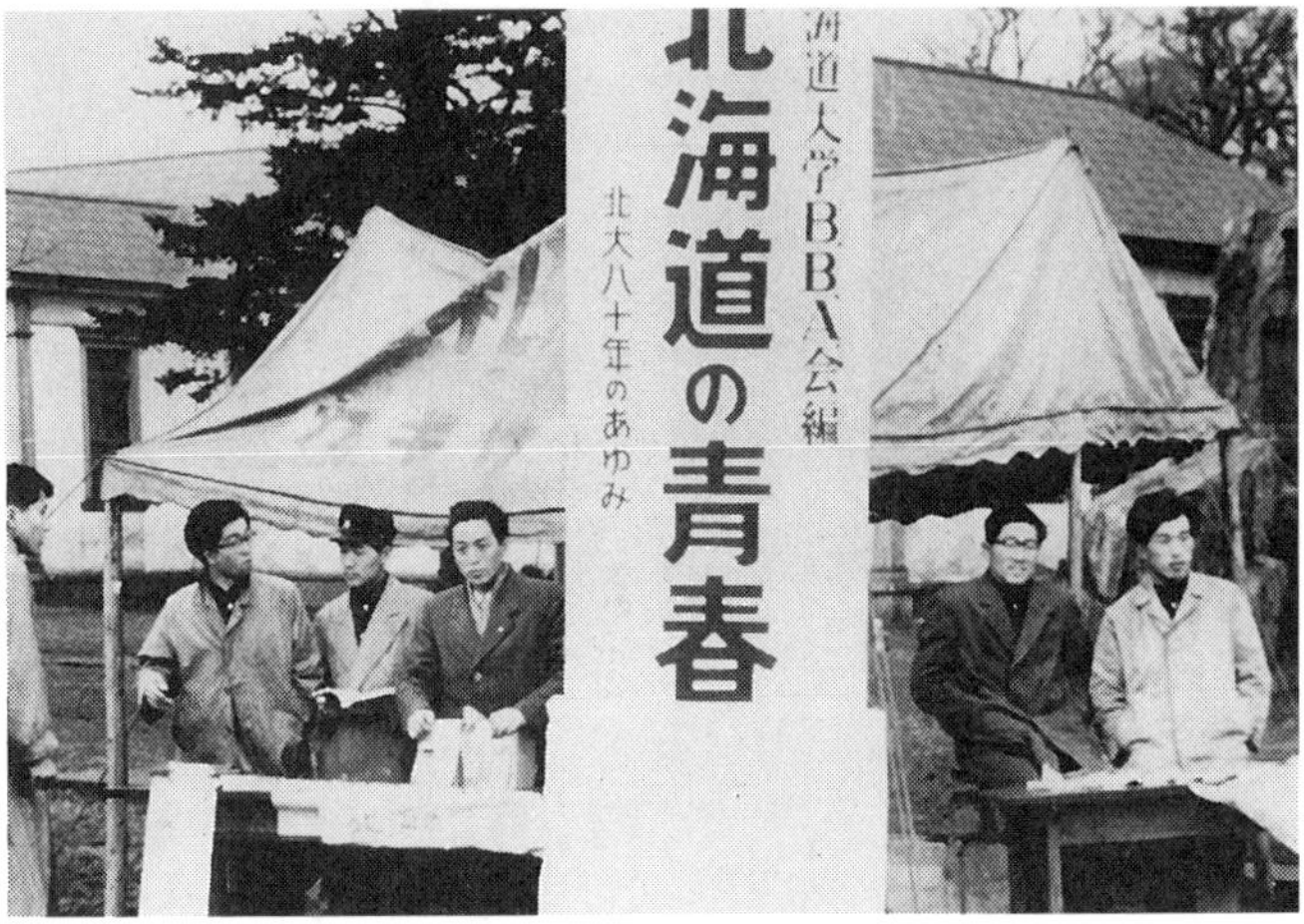

ＢＢＡ会の諸君とクラーク会館の資金カンパ

クラーク会館の設立

ＢＢＡ会が最後に目指していたのは、新しい学生会館の建設であった。当時は正門より入ってすぐ左側にあった古ぼけた建物が学生会館の役割を果たしていた。ＢＢＡ会もその一室を使用していたが、狭いうえに汚い部屋であった。やはり、北大生として自慢できるような立派な学生会館がほしかった。また、せめてデパートの食堂並みの学生食堂や洒落たコーヒーショップがほしかった。学生会館でオーケストラの演奏を行ないたいとの夢もあった。ＢＢＡ会のメンバーが主として〝ゲロイシュ〟という医学部オーケストラのメンバーでもあったからである。

たまたま私たちのもとには思わぬ大金が入ったところであった。『北海道の青春』が出版と同時にベストセラー入りし、増刷の結果、十万円の印税を手にしていたのだった。喜び勇んだ私たちは、直ちに杉野目学長のところにその小切手を持ってうかがい、立派な学生会館を作ってほしいとお願いした。大学としても、クラーク宮部記念会館を作る計画があり、全学をあげての事業に発展していった。

新しい学生会館は、当時としては珍しく宿泊施設を備えたものになった。というのは、札幌市内にまだ長期滞在可能な高級ホテルと呼べるようなものがなく、そのため外国からのゲスト、客員教授に泊まってもらえる場所がなく、大学ではなかなかゲストを迎えることができずにいた。ゲストハウス用の施設を設けてほしいとの私たちの願いが受け入れられたわけだ。

クラーク会館の設立にはもちろん大勢の方々が尽力されている。私の父親も会館設立実行委員会の事務局長をつとめていたのをここに付け加えておきたい。北大のキャンパスを訪ねる度に私はクラーク会館に立ち寄りコーヒーを飲むのを楽しみにしている。クラーク会館は、これからも北大が誇りとする学生会館であり続けるだろう。

第二章　ひとりの卒業生のライフワーク

一　北大生の気質と生きざま

北海道出身北大生　北大生には二つのグループがある。一つは地元である道内の高校出身の北大進学組である。第二のグループは、出身は北海道以外であるが、北大の持っているロマンに憧れて入学した、いわゆる古い言葉で言うところの〝内地〟よりの留学生のグループである。世間でよく言われる北大生気質といった独特なものは、そうした二つのグループが互いにそのよいところも悪いところも吸収し合い、影響し合った結果生まれるものだと思う。

北海道出身者は、内地出身者のように因習にとらわれることが少ない。北海道民のルーツは、わずか百数十年前、明治維新によって北海道で一旗あげようと日本全国から移住して来た人たちである。いわば、アメリカ合衆国のように、様々なバックグラウンドを持つ人びとの混合体と言っていいかもしれない。だから、良い物は何でも採り入れる。奥歯に物がはさまったような言い方は、生まれ育ちも異なった相手には通じないので、はっきりと意志を表すように求められる。また、北海道は、海の幸、山の幸に恵まれた土地であり、素材の味を生かした凝らない料理が好まれる。それは、その純朴な人柄にも表れており、すこぶる単純で素直な物の考え方をしがちである。

しかも、「モダン」であることにこだわり続けたユニークな歴史を持った土地でもある。たとえば明治維新後、北海道の開発は黒田清隆の努力でたくさんのアメリカ人のコンサルタントにより行なわれた。その結果、北海道の産業、交通網の整備、都市計画などは当時としては最新のものがアメリカより持ち込まれている。現在も、札幌はどこよりも早く流行への対応に敏感である。百数十年前に、アメリカの良いものを採り入れたのと同じ感覚で、今は流行の発信地である東京の動向に注目している。感受性に富むのが北海道民の特徴と言える。

反面、黒田清隆以来、絶えず国のサポートに恵まれそれに慣らされてきたために、次第に自らイニシアチブを発揮する意欲を失ってきたようにも感じられる。先人の持っていたパイオニアスピリットがいつの間にか忘れ去られているのが寂しいかぎりである。

内地からの留学生

札幌農学校の一期生は、北海道で入学試験にパスした組と東京でクラーク先生に選抜された組とで構成されていた。しかし、その後、名を遂げた者には東京での合格者が多い。内地からの学生は、北海道の持っている、あるいは北大の持っている夢とロマンに憧れてわざわざ遠い札幌まで来た学生である。したがって、感激屋が多い。感激屋は、感激すると損得に関係なく、無条件に、そして無制限に目標のために努力邁進する。

若者は皆こうした傾向を多少は持っているけれども、私利私欲にとらわれず、大義のために一生を捧げるのはやはり感激屋の独壇場である。世界の歴史を見ても、このような人たちが偉大な仕事を成し遂げている。明治維新の成功も、そうした人たちの働きのおかげであった。

北海道の持っている雄大な景色と鬱蒼としたニレの木におおわれた北大キャンパス、クラーク先生が作ったとされるロフティ・アンビションの気風をどことなく醸し出す雰囲気、そして〝都ぞ弥生〟をはじめ毎年たくさん作られる恵廸寮寮歌等々。これらに感激した内地からの留学生の北大に対する憧れはますます美化され純化される。

しかも北海道出身者は、前述のごとく単純で素直であるから、感激屋の内地出身者にすぐに影響される。感受性に富む道内出身者が、同じ釜の飯を食う内にすっかり〝感激屋〟となるのは避けられないことなのであろう。

北大気質

私たちの時代、北大生と言えば垢抜けしない田舎者ぞろいであった。派手で目立つことを嫌い、しかも純情である。大変素直であり、難しい仕事であっても、また直接自分の利益にならない仕事でも辛抱強く続ける芯の強さがあった。ただ、欲がなく、他人より抜きんでようと、機をみるに敏ではないのでそれが鈍臭く不器用に映る。

実社会でも最初のうちはあまり評価されないが、よき上司に恵まれ信頼を置かれると意外な力を発揮するタイプが多い。どんなことを任せても一番安心できるのが北大卒の者たちである。そのうえ夢と理想を持ち続け、男のロマンに生きようとするので、後輩や部下には慕われる。軍隊にたとえれば、小隊長、中隊長、大隊長として将官が一番信頼できるのが北大卒業生であろうか。

一言で表現するのは難しいが、大器晩成型と言えるかもしれない。

アラビア太郎

北大はクラーク先生の影響によるためか、いろんな面で偉大な、そしてパイオニア的な人物をたくさん輩出している。偉大な先輩の一人ひとりについて書けば、それだけで優に一冊以上の本になってしまう。そこで、ここではとりわけ私に強烈な印象を残した山下太郎について書いてみたい。

山下は明治四十五年（一九一二年）に札幌農学校を卒業した。農学校卒業後、満州に渡り満州を大豆の王国にしようと努力した。日本の将来は十分な食糧を確保できるかどうかが鍵を握ると考えていた彼は、〝米〟以外の食糧として大豆をこれまでにない規模で栽培することを思いついたのだった。

当時の満鉄（南満州鉄道）のキャリア組は、この若いむこうみずな、そして夢に満ち溢れた山下太郎に感激した。彼らも若かったが、満州に日本の将来を託すという点ではまったく思いは一緒であった。彼らからのバックアップもあり、山下太郎の事業は成功し満州に大豆王国を築いた。戦前彼は「満州太郎」と呼ばれていたという。

ところが、残念なことに第二次世界大戦で、彼はすべてを失ってしまう。戦後、無一文で帰国した彼が母校である北大を訪れたのは、たぶん昭和三十二年（一九五七年）二月あるいは三月頃ではなかったかと思う。突然の杉野目学長からの呼びかけで、文化会、体育会の各学生団体の代表が北大本部に集められた。当時ＢＢＡ会のチーフであった私も当然ながら同席することになった。会場に行くと、当時、英研（イングリッシュ・スピーキング・ソサエティ）の代表だった弟の姿も見られた。

これから一体どんな話が始まるのかと思っていると、山下は集まった大勢の学生を前に自らの思いのたけをぶつけるような迫力で話しだしたのである。

「……第二次世界大戦で日本が負けたのは、日本に十分な石油がなかったからだ。したがって、私はこれから私の生涯をかけて、日本の石油の確保のために十年間がんばるつもりだ。もし君たちの中で、一人でよい、私と一緒に日本の将来のために自分の人生をかけたいという男がいたら、私についてきてほしい。

精一杯努力した結果、駄目であっても、それはそれで悔いはないではないか。十年間、夢のために、そして何より日本のために努力するのも男冥利に尽きると私は信じる。私の夢をわかってくれるのは、北海道大学の諸君しかいないと思う。私はこれからアラビアに石油を掘りに行く」

その時の感動を私は昨日のことのように思い出すことができる。彼と運命をともにしたいと本気で思ったのは私だけでなかったろう。一緒にいた弟は感激するあまり、その場でアラビア行きを決意してしまった――父の反対で泣く泣く諦めたが――ほどだ。その後、山下はアラビアへ赴き、最初の採掘で石油の鉱脈をあて、昭和三十三年にはアラビヤ石油を興した。戦後、〝アラビア太郎〟と呼ばれたのが、この山下太郎であった。

二　夢達成にかけた一人の卒業生

先生より与えられた夢

私は昭和三十二年（一九五七年）に北大医学部卒業後、当時、第一外科の教授を務めていた三上二郎教授のもとで大学院生として学んだ。インターン（研修医のこと）は大学院への入学前に北大病院で済ませていたものの、残念ながら何もやらせてもらえなかった。そこで、病院長でもあった三上先生にアッペ（盲腸）ぐらいやらせてほしいと直訴したのが三上先生のところへ入局するきっかけになった。

入局して最初に先生から言われた言葉は、今もって忘れられない。先生は、ちょうど肝広範囲切除の宿題報告を外科学会総会で行なった直後であった。

「我々はすでに切除外科の限界をきわめた。これからの外科は置換外科、代用臓器の時代になる。つまり、移植と人工臓器の時代になる。移植は、君の一期先輩の西村昭男君にやってもらう。人工臓器は君にやってもらうので、東大機械工学の渡辺茂教授のところで勉強してもらいたい」

三上先生にそう告げられたとき、「私は早く一人前の外科医になり、アッペを切れるようになりたい」と思わず言ってしまった。三上先生から叱責の言葉が投げられた。

「一流の外科医になるためにはフィロソフィーが必要だ。解剖学と生理学の知識に基づいて頭で考えながら一歩一歩進まなければならない。さらに、君に工学部に行ってもらうのは、工学的なフィロソフィーを学んでもらいたいからだ。そうして、外科学と工学を結び付けてもらいたい。これからの人工臓器の開発には、この二つの学問を究めておく必要がある」

人工臓器など、まだ夢物語としか思われていなかった頃のことである。三上先生の言葉の意味が本当にわかるようになるにはまだしばらく時間を置かなければならなかったが、しかし私にとってこの東大工学部で過ごした六ヶ月が、その後の人生にどれほどの影響を与えたかはとてもはかり知れない。実は、私の東大工学部行きは、二期先輩のオーベン（指導医）であった水戸廸郎先生（現・旭川医科大学名誉教授）が三上先生に勧めてくれたおかげで実現したという。水戸先生から受けた恩は一生忘れられない。

日本一になれ

昭和三十五年（一九六〇年）、渡辺先生のもとを訪れると、そこでは東大の若い学生や研究者が集められ、「生体工学」をまさに世界に先駆けて作ろうとしているところであった。また、その三年前には先生の後押しで日本人工臓器研究会が発足してもいる。

驚いたことに、発足したばかりの日本人工臓器研究会では、当時木本外科入局三年生の堀原一先生（筑波大学副学長で退官、名誉教授）、渥美和彦先生（東大名誉教授）、工学部の大学院の部屋で机をならべた異色の石井威望先生（東大名誉教授——堀、渥美先生と医学部同期、卒業後工学部大学院に入る）など若手のメンバーが、年齢やキ

北大第一外科名誉教授　故・三上二郎先生

ヤリアに関係なく、はりきって活動していたのである。自信と気概にあふれた彼らの姿に、私も大いに触発されたのを覚えている。そして、この時に出会った人たちこそ、その後人工臓器の分野で日本のみならず世界をリードしていくメンバーであったのだ。

渡辺先生が教えてくださったのは、「生体の臓器を人工物で作る場合、難しいことは考えるな。その臓器の持っている本当に簡単な基本機能だけを考えろ」ということであった。これはかつて私が生理学を学んだ際、北大第二生理学の朴沢進教授に受けた教えと同じであった。ドイツ語であったけれども、この言葉は今でも覚えている。

「生体臓器機能が完全に解明できた場合は、単純明解に、簡単に説明できる」

東大工学部には六ヶ月しかいなかった。しかし、同じ教室の机を並べた学生が皆各分野で日本一である、あるいは日本一になってみせるという自信を持っていた事実は、それまで北大しか知らなかった者にとっては驚きであった。渡辺先生からは、「君は生体埋め込み用の高分子の日本一の専門家になれ」と言われた。

三上外科人工臓器研究室

東大留学中、工学部の地下室で堀、渥美先生などと完全人工心臓の実験に取り組んだ。日本で初めてポンプを埋め込んだ犬を生存させることに成功し、その実験では麻酔を受け持つ光栄に

水戸廸郎先生(現・旭川医科大学名誉教授)と　左は筆者(人工肝臓装置の前で〈1959年〉)

も浴した。その後、人工心臓の研究に一生を捧げることになろうとはまだ夢にも思っていなかった頃の出来事であった。

東大から戻り、大学院の三年目に、三上先生の方針で、人工臓器研究室を作っていただいた。それまで指導を受けた肝臓研究室主任の水戸廸郎先生から独立させていただいたわけだ。大学院一年生の阿岸鉄三先生、今忠正先生および壇上泰先生が最初の研究室のスタッフであった。

それまでの二年間は、人工肝臓の研究のみであったが、それからは人工腎臓、人工子宮に始まり、人工胆管や人工食道、人工肛門(Plastic Anus)など、臨床例を含め研究分野を確実に広げていくことができた。人工腎臓では世界ではじめての在宅透析を行なった。世界初の三上式ハイブリッド型人工肝臓の実験もすでに始めていた。大学院卒業を前にして北大三上外科は、東大木本外科と肩を並べ、日本を代表する人工臓器研究開発センターの一つと皆から認められるまでになっていた。

その後、三上先生の命で大学院卒業と同時にアメリカに渡り、三十七年になる。思えば、現在開発中の人工臓器も、すべてそのルーツは三上外科の研究室での四年間に求められるといっても過言ではない。

アメリカ留学

昭和三十七年（一九六二年）四月十四日に留学した。その頃のアメリカには、もはや不可能なものはないという気風が満ちていたように思う。時の大統領であったケネディ（John F. Kennedy）は大統領就任にあたり、次のような有名な言葉を残している。

"Ask not what your country can do for you. Ask what you can do for your country."（John F. Kennedy）

事実、アメリカは当時の最先端の科学技術をもって人間を月に送りこむなどという信じられないようなことをやって見せた。このような時代にあっては、まだ夢でしかなかった人工臓器の研究にも、未来の明るい光が射しているように感じられていた。とにかく、アメリカという国には、大いなる可能性と同時に、その将来における成功が約束されているかのような雰囲気があったのである――奇しくも、この時代のアメリカを象徴するような存在である、ケネディ大統領はクラーク先生と同じマサチューセッツの出身であった。

私は約十年前の平成元年（一九八九年）十一月からヒューストンに在住する。その前はと言えば、ブルックリンに二年間、クリーブランドに二十五年間住んだ。地図を見てもわかると思うが、ヒューストンはかなり南に位置し、雪など見ることはない。私が現在勤めているベイラー医科大学はテキサス・メディカルセンターにある。ここは世界一大きなメディカルセンターとして知られている。

このメディカルセンターを、これまで五十年にわたって作り上げたのが現在の私のボス、ドベイキー（Michael

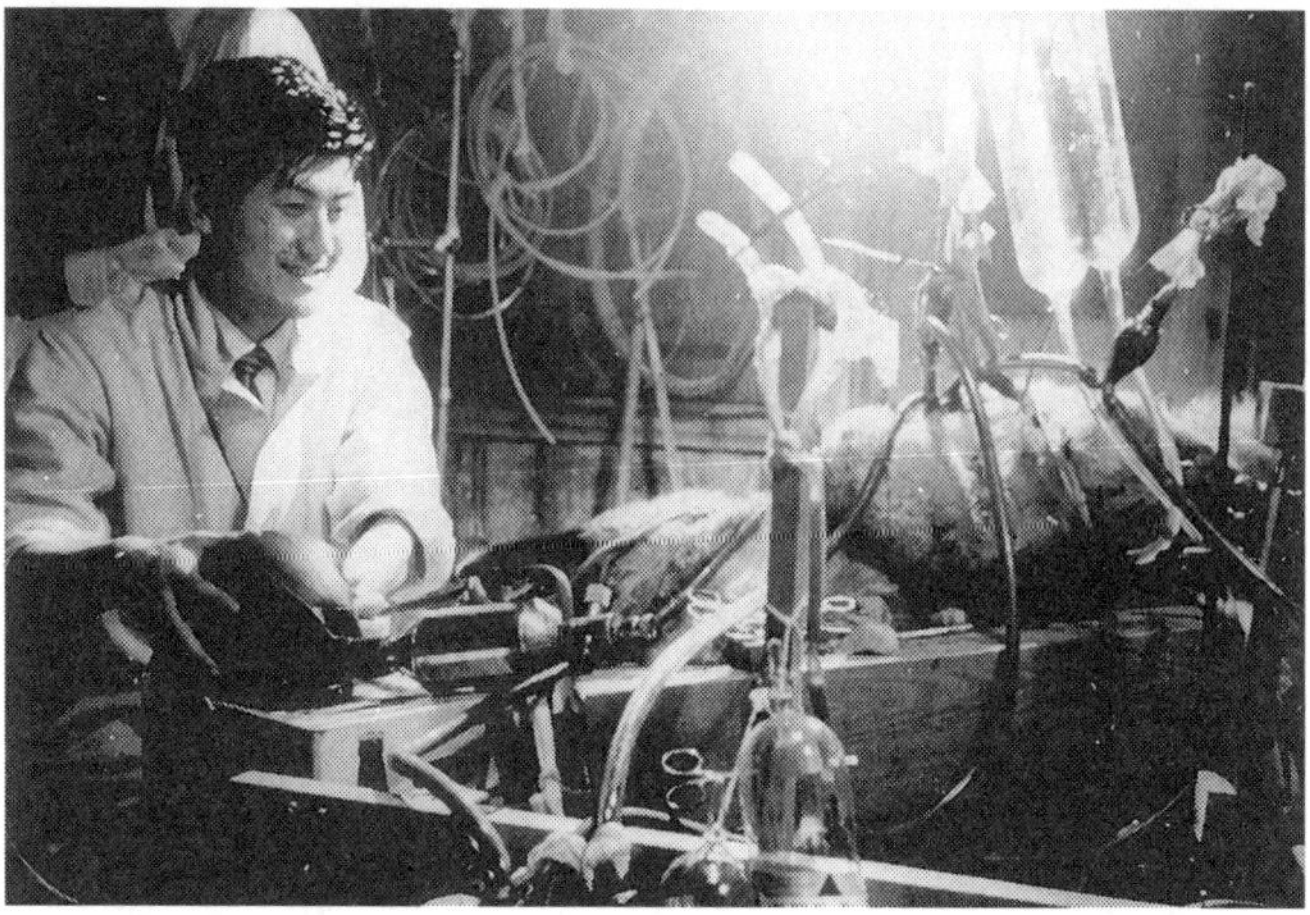

東大での人工心臓埋め込み実験（左は麻酔を担当した筆者／1960年5月）

De Bakey）名誉学長である。心臓血管外科の分野においてはよく知られた存在であり、最近ではロシアのエリツィン大統領の手術のためにロシアに赴いたことで一般にもご存じの方がおられるかもしれない。先生は、昭和三十九年（一九六四年）、ケネディの跡を継いだジョンソン大統領（Lyndon B. Johnson）に、アポロ宇宙計画に続く国家計画として人工心臓計画を進言し、その計画の実現に大きく寄与したと言われる。先生は、その二年後の一九六六年には世界最初のバイパス型補助人工心臓を患者に植えることに成功し患者を救っている。

ヒューストンにはＮＡＳＡの宇宙センターがある。日本人の宇宙飛行士としては二番目に宇宙を目指した、向井千秋先生は心臓外科医であり、現在も私の教室の非常勤講師を務める。現在、私の研究所には全部で二十四名のスタッフが働く。教授である私の下には、準教授二人、助教授三人、講師六人のポジションがある。ちなみに講師以上はすべて全員日本人である。

ブルックリン-クリーブランド-ヒューストン

昭和三十七年（一九六二年）にアメリカに渡り、最初の二年間はブルックリンのニューヨーク州立大学ダウンステート・メディカルセンターで過ごした。指導を受けた先生はカントロビッツ（Adrian Kantrowitz）教授である。先生は大動脈内バルーンパンピングを世界で初めて臨床例で成功させただけでなく、一九六六年に（シリーズ型の）補助人工心臓を埋めた患者をポンプをつけたまま退院させている。現在でこそ一般に行なわれている在宅補助人工心臓の、世界で初めての臨床例であったのだ。そのポンプの開発は、カントロビッツ先生の指導のもとに私が行なったものであった。私はここで呼吸調節用の人工神経を開発してもいる。同じく世界で初めての試みであった。

一九六四年、ちょうどアメリカ人工心臓計画が始まった年に偶然、私はクリーブランドクリニックのコルフ（Willem Kolff）教授のもとに移ることになった。コルフ先生は一九四三年にオランダで世界に先駆けて人工腎臓の臨床化に挑み、その後、アメリカに移住してからはクリーブランドで人工腎臓プログラムに取り組んでおられた。そして一九五七年には、膜型人工肺の臨床応用に世界で初めて成功されていた。

コルフ先生の開発した人工心肺を使用して、当時クリーブランドクリニックは心臓外科のメッカの一つになっていた。すでに年間二千例以上（現在は五千例）もの開心術をクリニックで行ない、ミネソタ大学やベイラー医科大学とともに三大センターのうちの一つに数えられていた。コルフ先生のもとでは、日本人の研究者である阿久津哲造博士（名古屋大学出身・前テルモ社会長）が一九五七年より人工心臓の研究を始めたところであった。

コルフ先生はクリーブランドクリニックの人工臓器研究所長兼人工臓器部長として、世界で一番アクティブな人工臓器の研究者であった。私はこの研究所の研究主任として一九六四年に迎えられたのであった。当時、アメ

コルフ教授（左）と共に（1987年）

リカで人工心臓の研究を行なっていたのは、前述のドベイキー先生、カントロビッツ先生、コルフ先生の三人であった。当然、アメリカの人工心臓計画はこの三人を中心に動いていた。たまたまコルフ先生だけは内科医であったので、会議にはいつも外科医である私を代表に出してくれていた。したがって、この国家プロジェクトはドベイキー先生、カントロビッツ先生と、コルフ先生の代わりをつとめた私がその後三十年間の開発計画の具体的なプランを練ったと言っても過言ではない。当時、私はわずか三十一歳であった。

三上先生が退官された昭和四十二年（一九六七年）にコルフ先生はクリーブランドを去り、ユタ大学へ移られることとなる。そして、クリーブランドクリニック人工臓器研究所は、なんと当時弱冠三十五歳だった私の手に委ねられたのだ。今から三十二年前もの出来事である。大変な大役を無事に果たすことができたのは、それもひとえに北大の三上先生、東大の渡辺先生、さらにはアメリカのカントロビッツ先生とコルフ先生の導きゆえと今でも感謝の念に堪えない。

人生十年説

アメリカでの三十二年に及ぶ生活のなかでも、一九六七年のクリーブランドクリニック人工臓器研究所長への就任にはとりわけ感慨深いものがあった。この年は、私にとって北大卒業後の十年目にもあたる。私は前述の山下太郎の影響で〝人生十年説〟の信奉者である。人間十年間、全力で努力してもできないものは、自分自身の能力がないためにできないのか、その戦略が根本的に間違っているのか、そうでなければ時期的にタイミングが悪いかのどちらかである。つまりいずれにしても、十年努力して達成できないものは潔くやめて、全く別の目標を立ててその達成のために、次の十年間、わき目もふらずがんばるほうが短い人生にとって重要ではないかと学生の頃から考えていた。

三上先生より人工臓器の研究を命じられ、この道に入った。十年がんばってものにならなければ別の道を探せばよいだろう、というのが私の当時の信念であったように思う。ところが、医学部を卒業して十年目の一九六七年四月に、世界的な人工臓器研究者であったコルフ先生のいわば跡継ぎとして、世界一の偉容を誇っていたクリーブランドクリニックの人工臓器研究所長になることができた。その時に私は、これからはまさしく〝人生十年説〟を自ら実践していこうと誓ったのである。

しかしながら、コルフ先生のおかげで偉くなったと言われるのは嫌だった。だからコルフ先生の持っていた研究機器、資料すべてをコルフ先生が移られたユタ大学へ送り届け、まったくのゼロからの再起を期すと同時に、十年かけて、コルフ先生のいなくなった何もない研究所を再び名実共に世界一と言われるものにしようと強く念じたのである。再スタートは切ったものの、教授室の机の引き出しに残ったのは短くなった鉛筆が数本あるのみという状況の中で私の挑戦は始まった。

クリーブランドクリニックから研究所を当面維持していくだけの費用は援助してもらっていたが、その他の研究費もほとんどゼロであった。それまでの研究方針を再検討する必要に迫られた私は、ひとまずコルフ先生とは異なった人工腎臓や、人工血液の開発研究に専心することを決めた。やがてプロジェクトは人工肺、補助人工心臓、（完全型）人工心臓とその研究領域を広げるようになり、研究費も次第に増えていったのである。一九七一年に臨床担当の研究員を増やし、それまでの人工臓器研究所長という肩書きに加え、臨床プログラムも含めた人工臓器部門のいわゆる総合プロデューサー的な地位であるチェアマンを兼ねるまでに至った。ゼロから始め、四年でかつてコルフ先生が達成したレベルにまで私自身到達できたことになろうか。

アメリカでの日本人

これまでの文章を読んでいる限り、ＢＢＡの精神を持っていれば、アメリカは日本よりチャンスの多い社会であるかのような印象をあるいは持たれたかもしれない。しかし、毎年何百人という日本人がアメリカに留学しているにもかかわらず、アメリカで功成り名遂げた日本人は少ないというのが事実である。確かにアメリカ留学をする日本人の第一の目標はアメリカで生き残ることではない。日本で良いポジションにつくのが目的で外国留学をするからである。私もそのように信じて、一日も早い日本への帰国を願ってもいた。

しかし別な面から見ると、アメリカで日本人がなかなか生き残れないのには、日本人に対する差別が根強く残っているという事実があるからでもある。日本人が正当に評価されない理由としては、言葉や文化、考え方の違いからくるギャップが大きいにちがいない。ただし、アメリカにはもともと、日本人に対してだけでなく、様々な人種への差別自体が存在する社会でもあることを理解しておく必要がある。

また他方で、日本人はとかく誤解を受けやすい存在であることもやはり事実であろう。たとえば「日本人のイエスは必ずしもイエスでない」とはよく言われる。どういうことかというと、アメリカ在住四十年近い私でも、時にノーと言うべき時にイエスと言ったり、イエスと言うべき時にノーと言って問題を起こしそうになることがあるからだ。しかし、アメリカ人の信頼を得るためには、たとえ間違った返事をしたときでも〝ノー〟と言った時には〝ノー〟を貫き、一端〝イエス〟と言えば意思を変えない態度が必要なのである。日本語では「はい、できません」とか、「いいえ、できます」などという表現があるが、英語ではイエスは〝できます〟以外の意味がないからである。だから、私は重要な話し合いには、できるだけ〝イエス〟〝ノー〟をその場で言わないようにしている。

さらに言葉の問題について言えば、大事なのはあくまで正確に伝えるということであって、上手に話すかどうかは二の次だということだ。だが依然として、アメリカで成功するには言葉がアメリカ人並みにできなければならないように誤解されている人たちは多い。(外国人は)上手な英語を話すようには求められていない、意思疎通のうえで誤解が生じなければそれで十分というのが私の変わらぬ持論でもある。

日本人かアメリカ人か?

アメリカに留学した日本人には二つのタイプがある。まず、できるだけアメリカ人になろうという日本人と、日本人としてのアイデンティティーを維持しようとする日本人である。後者は大抵アメリカ人に嫌われるので、一般的には前者のほうが多い。

前者の者は、アメリカ人と親しくなるのに必死で、良いところも悪いところもすべて彼らの真似をしようとするし、上手な英語を誇りにもしている。また、アメリカを信奉するあまり、逆に日本はすべてにおいてアメリカに劣ると見做しがちだ。私はこのような日本人をアメリカでたくさん見てきている。

アメリカ人は、（日本人に限らないが）前者のようなタイプの外国人に対しては協力を惜しまない。まして、一般に日本人は優秀な部下として働く。しかし、自分のライバルになると判断すると、一転して激しい攻撃が加えられるようになる。足を引っ張るなどという生やさしいものではなく、ライバルの成功を全力をあげて阻止しようとする。周囲から持てはやされ、それを喜んでいるような日本人は、実はまだ一人前とは認められていないわけだ。

残念ながら、アメリカ社会の本質を理解していない日本人が多い。アメリカ人になりきるなどということは、所詮私たちにとって不可能にちがいないのだ。仮に社会の一員として認められたとしても二流のアメリカ人にとどまるだろうし、ＷＡＳＰ（ホワイト・アングロサクソン・プロテスタント）と称される超エリート階層とは相容れないものとして扱われる。しかし、一流の日本人であれば、同じ国際人として向き合うことができる。アメリカで、アメリカ人と対等に競うためには、私たちは日本人でいなければならない。つまり、日本人としての誇りを持っていることこそ大事なのである。アメリカ人に迎合してはならない。

意外に思われるかもしれないが、私がまだ日本の国籍に属し、日本のパスポートを持つのにはそうした隠れた理由がある。

一流の日本人

約四十年におよぶアメリカでの生活の中、私がひたすらこだわったのは、いま言ったように日本人としての誇りを持ち続けたということであり、そしてまた〝信義誠実の原則〟を守るという掟を自らに課したことであった。〝信義誠実の原則〟を守るとは、「私利私欲は絶対に持たず、あくまで義理人情を尊び浪花節で通す」というものだ。そのうえ、言ったことは必ず実行しなければならない。結局、それは私たち日本人が父親や学校の教師から教えられたこと以外のなにものでもなかった。あるいは、古く武士道に通じるものであったものかもしれない。

現に私は、たとえ信頼していた相手から何度裏切られようと、自分からは絶対に相手を裏切ることなどなくここまできた。それに、たくさんのパテント（特許）から得られる収入は、すべて一セントたりとも個人の懐に入れずに、研究所名義で管理している。これまで数多開発した装置に自分で自分の名前を付けたことさえ一度たりともないのだ。

最初は、アメリカにいる日本人の一人として、日本の旗を背負っているようなつもりで、恥ずかしくない生き方を心がけようと思ったにすぎない。それをアメリカ人がどう捉えようとも、ただ信じた己れの道を歩むだけのことだったのである。

アメリカが懐の深い国だと感じたのは、驚いたことに、こうした私の気持ちをよく理解してくれる人たちが少なからずいたということだ。アメリカには、日本の武士道に代わる、西部魂がまだ生きていたということだろうか。また、そうした心情がわからないようなアメリカ人は、いわば二流のアメリカ人として付き合わなくともいいことをいつしか学んだ。

結論を言うと、日本人が世界に通用するためには、新渡戸稲造が身をもって証明したように一流の日本人であればよいのである。そして、我ら北大のＢＢＡのスピリットを持っていればさらによいはずであった。

三　十年きざみの人生

コルフ先生の誉め言葉

クリーブランドクリニック人工臓器研究所長になって十年後の昭和五十一年（一九七六年）十二月、コルフ先生が突然クリーブランドを訪れたことがあった。ワシントンで毎年行なわれていたアメリカ政府主催のアメリカ人工心臓計画会議を途中で抜け、その足で立ち寄ってみたのだという。会議には私も出席していたが、コルフ先生は私に一言もそのことを言わなかった。それだけでない、コルフ先生は手にした花束を私の妻に渡しながら、その苦労を労う言葉をかけてくださったのである。そのときの様子を私はあとから聞かされた。

「後継者の能勢が、私よりいい研究、いい仕事をしている。今や彼は人工臓器研究開発分野の世界一の研究者になった。また、世界一の研究所を作ってくれて、とてもうれしい」

まさにその言葉どおり、クリーブランドクリニック人工臓器研究所は世界一の施設に成長していた。それまで、厳格なコルフ先生にほめられたことなどまずなかった私は、この話を聞いたとき、アメリカで目指していたものが達成できたように思えた。ゼロから始め、世界一になることが私にとっては一つの大きな目標だったからである。

クリーブランドクリニックの人工臓器部門の研究および臨床プログラムは、今や四つのチームに分けられようとしていた。人工心臓グループ、体外代謝グループ（人工腎臓、人工肝臓、人工肺を含む）、生体材料グループ（人工血液を含む体内埋め込み用外科的人工臓器）そして人工神経グループの四つである。四つのセクションは十三人の教授陣によって指導され、二十二人のフェロー以下七十五人からなる研究員が基礎研究開発から開発した人工臓器の臨床実験までを行なっていた。

世界一の研究所

研究費に関しても、一九七六年の時点でNIH（アメリカ厚生省の国立研究所に相当し、医学研究のグラントやコントラクトはここで審査・契約される。人工心臓計画はここの心肺及び血液研究所が担当していた）より二つの大型コントラクト（開発契約）の発注を受けていた。その他にも十以上の公私含めてのグラント（一つのテーマに基づく研究費）を受注していた。クリニックがサポートするスタッフの人件費を除いた研究所自体の年間予算は約三百五十万ドル（約四億円）までに達し、新しい研究棟が私たちのために新設されつつあった。人工臓器部門は、クリーブランドクリニックの中でも最も大きな研究開発部門に成長していたのである。

研究面での成果としては、バイオライズ型人工心臓をつくり、当時では世界最長生存記録（百四十五日）を達成したことがあげられる。また補助人工心臓では、それまで一般的に使われた空気駆動型のみならず電気モーター駆動型（現在臨床に一番広く使用されている）、原子モーター駆動装置などの研究をすでに行なっていた。さらには現在、ハートメイトの名前で広く臨床に使われている完全埋め込み型補助人工心臓の一つであるテクスチャライズド型装置の基礎研究も終わっていた。人工腎臓の分野ではコルフ先生のコイル型とは異なった、板型の安価なディスポーザル装置を開発し、広く臨床に使用されるようになっていた。新しい膜型人工肺の完成もこの時期だ。その技術を応用したプラズマフェレーシス（アフェレーシス）装置による人工肝臓は、急性肝不全患者に使用されるなど、臨床を視野に実験が進められていた。このアフェレーシス装置は、一九七二年頃より開発を始めたものであり、その詳細は後述する。

コルフ先生がほめてくださっただけの実績は、一九七六年までの十年間で十分に達成していたと言って過言でないのだ。

次の目標―日本のために

次の十年間、昭和五十二年（一九七七年）より昭和六十一年（一九八六年）まで何をやるべきかを考えた。今度は日本と世界のため役に立つことを目指そうと考えた。まず、この十年間で日本と日本人を人工臓器の分野で世界的なリーダーにしようということである。それと同時に、日本の人工臓器関連の製品が世界に認められるようになってほしかった。

当時、アメリカにおいては、人工臓器としては最も一般的だった人工腎臓の研究開発はすでに終わったものと考えられていた。他方で、人工心臓の研究に代表されるように、その他の人工臓器の研究が今後は主流になることが予想されていた。一九七六年のアメリカ人工内臓学会やアメリカ人工心臓計画会議は最盛期を迎えつつあった。日本の研究者はヨーロッパ、アメリカに追いつき追い越せと努力した。アメリカの学会に出席したり、学会へ演題を提出する者たちが以前にもまして増えていた。しかしそうした彼らの発表は立派な仕事であるにもかかわらずあまり認められず、また意識的に認めようとしない雰囲気が残念ながら当時のアメリカにはあったと言える。一九七六年のアメリカ人工内臓学会には、日本からたくさんの研究者が出席していたが、ほとんどの発表は認められていなかった。

当時、日本人工臓器学会代表であった、東大・稲生綱政教授（人工腎臓）、筑波大学・堀原一教授（人工肝臓）、東大・渥美和彦教授（人工心臓）などの仕事も黙殺されていた。日本にはアメリカの二倍以上の研究者がおり、現にアメリカと対等もしくはそれ以上の研究が行なわれていたにもかかわらずである。事実、日本の人工腎臓、人工肝臓の技術はすでに世界的にも最高のものであった。日本の人工心臓も両心バイパス型（機能的人工心臓で現在は一番将来性のあるタイプとして認められている）として、世界で最も長い生存記録を達成していた。

日本が世界に認められるためには、世界規模の学会を自分たちの手で新しく結成し、日本人がリーダーシップを発揮する以外に方法はない、そう信じた私は「国際人工臓器学会」の発足に全力を尽くすことにしたのである。そのために私財を投入することも迷いはしなかった。

国際人工臓器学会

幸いにも、「国際人工臓器学会」の構想は、アメリカ人工内臓学会を作ったコルフ先生をはじめとするアメリカの重鎮たちや、ドイツのベルリン大学心臓外科教授でヨーロッパの人工臓器学会を設立したエミール・ビュッフェル教授（Emil Büherl）、当時東ヨーロッパを代表していたロシアの人工臓器研究所長バレリー・シマコフ教授（Valerij Shumakov）などの賛同を得ることができた。

昭和五十二年（一九七七年）八月、東京において、コルフ会長、稲生大会長、渥美副会長、能勢事務局長という顔ぶれで国際人工臓器学会は発足した。初代会長はコルフ先生にお願いしたものの、実質的には稲生－渥美－能勢の日本人三人が中心となってすべてを取り仕切っていたのである。

一九八四年、会員はアメリカの学会をしのぐ千二百名になっていた。発足以来、八年間にわたり事務局長を私は務めてきたが、学会発足に携わった仕事の総仕上げとして、第五回会長に私が就いた。会長の任を終えたのが一九八六年であった。このようにして人工臓器の分野で日本を世界のリーダーにとの目標は、一九七七年からの十年間で達成された。今や日本が世界をリードする立場にあることを疑う欧米人研究者はいなくなっている。

また、この学会の英文の学会誌の主任編集者をこれまでに二十年以上つとめてもきた。日本人研究者がまとめたものは内容はよくとも文章表現がまずい場合がいまだに多い。特に欧米人が編集長をつとめるときは、そうした原稿は発表する機会を与えられることが少ない。したがって、編集長として日本人の論文を採用し、その英語を英文誌に載せても恥ずかしくないものに直す仕事は、日本のために一番必要な私の仕事であるとの考えは変わっていない。

北海道のために

昭和六十一年（一九八六年）までにその前の十年間の目標を達成できたので、一九八七年からの、次の十年間の人生の目標を新たに掲げることにした。それは私がそれまで達成してきたもののすべてを自分の故郷に還元することであった。北海道で医療産業複合都市なるものをつくり、これから高齢化する日本社会のモデル都市にしようというプランがすでに私の頭のなかにあった。またの呼び名を〝ハイメックス計画〟（HIMEX：Hokkaido International Medical and Industrial complex city の略語）と呼ぶ。

〝ハイメックス計画〟は当初、中央政府の若手グループによって検討され、厚生省、建設省、自治省、国土庁、北海道開発庁の審議官クラスが担当して始まった。この時点で、総予算はなんと一兆円規模の巨大プロジェクトにまで膨らんだ。私がはじめに見込んでいたものの十倍の規模であった。その後、当時、国土庁が進めていた多極分散型国土形成促進法（いわゆる四全総）を追い風に、北海道開発庁が中心になり計画は進められたが、北海道側としても北海道知事だった横道孝弘氏をはじめ、北海道の産・学・官・医・政（国会議員）の全面的なバックアップ態勢で臨んだのである。

この計画には、私の同級生の伊東嘉弘北海道衛生部長（当時）、菊池浩吉札幌医大学長（当時）、大浦武彦北大形成外科教授（その後北大病院長）なども強力な後押しを約束してくれていた。北海道経済会、日本医師会も協力を申し出てくれていた。日本医師会には吉田信北海道医師会長の働きかけがあったと聞く。また、札幌市の協力には涙ぐましいものがあった。国会議員にしても、社会党、自民党の別なくサポートを誓ってくれたのである。

国際人工臓器学会もそのために国際大学を設け、ハイメックスの達成をサポートする準備は完了していた。この大学の本部は、取り敢えず世界でいちばん古い医学校であるイタリアのボロニア大学に置かれたが、計画の正式なスタートと同時に札幌に移す予定だった。現在も私は、この大学のアジア地区の学長の任にある。

ハイメックス計画の挫折

昭和六十二年（一九八七年）よりスタートした計画の青写真を達成するには最低十年必要だと考えていた。しかし計画から二年を過ぎようとした頃には、北海道庁の頭の固い役人に私たちのビジョンが伝わらないのではないかと感じ始めていた。道庁の担当者が繰り返し言ったのは、「病院のないメディカルセンターは変ではないですか?」「どこの養老院を見学したらよろしいでしょうか?」というものであり、ついには「このような計画は日本のどこかにありますか?　アメリカのどこかにありますか?」と尋ねる始末であった。どこにもないから、そして北海道の将来にとって必要であるから世界に先駆けて北海道につくるべきだ、ということがどうしても彼らには納得できなかったのである。

嫌な予感は的中した。当時、ハイメックス担当であった北海道庁副知事の一人の独断で、横道知事には何の相談もなしに、北海道から中央政府への予算請求が北海道開発庁の再三の要請にもかかわらず見送られてしまった

クリーブランドクリニック人工臓器研究所および人工臓器部門のスタッフと共に(1989年)

のだ。この出来事をきっかけに、中央政府からの援助も次第に冷めたものになっていったことは否めない。

十年後の現在、当時ハイメックス計画の実現に抱いた危惧が現実のものとなってしまったのはやはり残念でならない。北海道が正式にハイメックス計画を断念したのは一九九八年十二月のことである。一方、一九九九年二月に、日本経済企画庁長官・堺屋太一氏が、これから日本をよくするための四大プロジェクトを発表している。そのうちの一つがハイメックス計画とほとんど同一の内容であるのは皮肉としか言いようがない結果だ。

人工臓器開発の誤り

ハイメックスの計画の実現性がないと実感したその時から、私はもう一つの私的なプランに全力を注ぐことにした。つまり、それまで自分が深くかかわってきた人工臓器の開発方針を大胆にも百八十度軌道修正しようというのだ。

クリーブランドクリニックに足かけ二十五年間勤めた。その内の二十二年はチェアマン、すなわち日本でいうところの主任教授である。前述したようにスタッフ数七十五名、研究費は年間約三百五十万ドル（四億円）に達していた。当時、私たちが持っていた研究開発テーマは四部門含めて二十近くにもなっていた。これほどの大所帯で研究費にも十分恵まれていると、どうしても研究が正攻法になる。自由な発想が生かせる研究体制ではなくなりつつあった。

また、私自身が人工心臓開発の方向性を大幅に変える必要があると思い始めていた。つまり、これまで目指していたような完全置換型人工心臓ではなく、治療目的の両心補助人工心臓こそ開発すべきだということ、さらには、拍動流型《はくどうりゅうがた》（拍動流型とは、生体の心臓と同様に脈を打つ感じで血流を生じさせるということ）に代わり非拍動流《ひはくどうりゅう》型《がた》の人工心臓こそ取り組むべきものであると考えたわけである。

現在でこそ、（拍動流型に比べより単純な設計の）非拍動流型のポンプでも、拍動流型と変わらない循環機能代行結果が出せる――一九八五年に私のもとではすでにそのような実験結果が得られていた――ことが実証されている。しかし、私がクリーブランドクリニックでアメリカ人工心臓計画に基づいて政府よりコントラクトをとっていた一九八九年前後というのは、拍動流型以外に人工心臓の研究開発費は認められない状況だった。

また、アメリカ政府より拍動流型で認められた研究の方向性を私の一存で変えることなどできない。しかしながら、拍動流型はポンプのつくりが複雑で、ポンプ自体が大きくなるため、日本人女性のような小柄な体格の患者に埋め込める人工心臓ポンプの開発は依然として不可能なように思われた。そのうえ、製作コストの面でも、拍動流型はやはり製品一つが千五百万円以上とかなり高価なものになりつつあった。それに比べ非拍動流型であれば、ポンプを拍動流型の三分の一の大きさにできるだけでなく、単純なポンプなので二百万～三百万円という低価格での製品化が可能であった。初期の頃から人工心臓の開発に参加してきた私にとって、拍動流型から非拍動流型への転向は「三十数年間の人工心臓の研究は間違っていた」と自ら認めるようなものだが、非拍動流型の開発にこそ時間を費やすべき時期にきていると判断した。

ちょうど、前の年にアメリカ政府との間で五年間で五百万ドル（六億円）の研究契約を交わしたばかりではあったけれども、私はクリーブランドクリニックを辞めて、別な研究所でゼロからまた新たに研究を始めることをついに決意した。クリーブランドクリニックにいるかぎり、契約期間中は自分が信じた方向での研究がもはやできなかったからである。

ベイラー医科大学

いよいよ辞職の決意を固めた私は、ベイラー医科大学のドベイキー総長に連絡を取った。互いによく知った間柄であり、かねてより熱心に誘ってくれてもいた彼の申し出を受けることにしたのだ。彼はすぐに自分の持っていた人工臓器研究所を私に譲り、準教授一人（工科系）、助教授一人（医科系）および医科系工科系の講師二人をつけることを約束してくれた。私のポジションが「定年のない永代外科学教授」となるのも気に入った。クリーブランドクリニックは定年七十歳であった。また、何よりいちばん嬉しかったのは、クリーブランドクリニック人工臓器研究所から研究費も機械も何も持ってこなくてよいということであった。これで、私が二十五年かけて世界一にした研究所をそのまま残すことができる。

私は、代わりのチェアマンをクリーブランドクリニックに推薦して、トランク一つでベイラー医科大学にやってきた。クリーブランドでスタートした時はゼロからであったが、今度もまたゼロからの再出発であった。一九八九年十一月のことであった――この年は、ベルリンの壁が崩れた年であった。第二次世界大戦後、長い間の冷戦もこの年で終わりを告げたといってよい。日本でも昭和が平成に変わった。人生の一つの〝けじめ〟をつけるうえでふさわしい年ではないかと信じた年でもあった。

ベイラーに移った翌月、私のもとに思いがけない知らせが届いた。人工心臓研究の貢献者に対してＮＩＨより贈られる最高の賞である、「ヘースティング賞」の受賞者として私が指名されたというのだ。アメリカ人工心臓計画の立案者であるドベイキー先生もまだもらっていない賞であった。

スタートして十年が経過したベイラーの研究所は、現在、二十数名のスタッフと、年間二百万ドル以上（約二億五千万）の研究費を持つまでに成長している。私たちが開発した定常流《ていじょうりゅう》ポンプ（定常流とは非拍動流と同義で、生体心臓のようなリズムなしに血流を生じさせるということ）は用途の異なった三つの装置――人工心肺（二日以内の使用に限る）、短期（一ヶ月以内）補助心臓、長期補助心臓――として完成され、臨床に広く使用されはじめている。中でも（長期補助心臓である）ドベイキー型《がた》非拍動流《ひはくどうりゅう》軸流《じくりゅう》補助人工心臓《ほじょじんこうしんぞう》は二年以内の長期使用を目標としており、世界で初めて臨床に使われた非拍動流型の補助人工心臓でもある。また、二年以上の臨床使用を目標にかかげる非拍動流《ひはくどうりゅう》遠心《えんしん》ポンプ（コマのような羽を動かすポンプ）の動物実験では、九ヶ月以上にわたって小さなポンプで子牛の循環を維持することに成功している。

私の最大の夢であったハイメックス計画の挫折は返す返すも惜しい。だが、マイナスばかりではない。挫折の経験は、新天地での再起を促し、そこから多くの成果をもたらしてもいるからだ。

クリーブランドクリニック人工臓器研究所

私がベイラー医科大学に移って一年半後、クリーブランドクリニック人工臓器研究所はつぶれてしまうことになる。名実ともに世界一の研究所がである。私としては

ベイラー医科大学人工臓器研究室（1997年）

二十五年かけて作り上げた研究所がいつまでも世界一の研究所であってほしかった。そのために教授室にあった書類を含め、すべてをクリーブランドに残すことにしたのだし、かつての部下には何もベイラーに送る必要はないとあえて命じたのである。アメリカの場合、研究費のみならず機械も、研究費を獲得した主任研究者に属すると考えられている。主任研究者が別の大学に移る際には、研究費も機械もすべて持っていくのが当然だった。しかし、私としては、万が一、研究所が立ち行かなくなるような事態に陥った場合に、「能勢が研究費、資料、機械、人を持ってベイラーに行ったからだ」と言われるのが嫌だった。

ベイラー大学には、志を同じくする四人の若い研究者（医師二人、エンジニア二人）のみを連れていき、それ以外のすべてをクリーブランドに残した。ところが、クリーブランドでは、七十人のスタッフが三つのグループに分かれて後継者争いを始めてしまい、結局最後まで後継者が決まらなかったらしい。また、外部においても、人工臓器の分野でそれほど広範囲にわたった研究および開発を統括できるだけの適当な人材が見つからなかったことも事実であった。その間に、たくさんあったグラントやコントラクトが次々と打ち切られてしまったという。

一方で、平成五年（一九九三年）に私はアメリカ人工内臓学会会長をつとめることができた。クリーブランドからベイラーへ移り、四年かけて人工臓器研究所の基礎づくりを終えたところであった。このアメリカ人工内臓学会は一九五五年に発足しているが、それまでの三十九年にわたる歴史の中で、私のような外国人が学会会長および理事長になった例はなかった。もともとがアメリカ人以外は正会員にしないとの立場を長い間守り続けていた学会でもあった。

また、その同じ年、幸運なことにクリーブランドクリニック最高功労賞（"Man helping man Award"）をいただいた。この賞はクリーブランドクリニックが設立されて七十五年の間に三人しか授賞したことがないという大変な栄誉である。私の恩師であるコルフ先生もこの賞はもらっていなかった。

平成六年には、私がつくった世界アフェレーシス学会（会員数三千名）の第五回会長になり、ついで翌年はまた国際ロータリー型（非拍動流型）血液ポンプ学会（会員数五百名）の第三回会長を務めた。

私個人としては数々の栄誉にあずかることができたにもかかわらず、他方で二十五年間、それこそ昼夜を問わずたくさんの同志（延べ五百人近いスタッフ）とともに懸命に育て上げた人工臓器研究所がつぶれてしまったことは何よりも残念でならなかった。

第三章　「夢」のある社会へ

一　高齢化社会への異論

ここでは、二十一世紀を目前にした日本に次の三つの提案をしたいと思う。これらはすでに昭和六十二年（一九八七年）にハイメックス計画の一部として北海道に提案したものである。

しかし、人生十年説を信じる私の、一九九九年からの十年間の夢と理解していただいても結構である。

これからの十年

1. 六十五歳以上を老人としてくくってしまう価値観を転換する
2. 医療費の高騰を抑え、患者のHigh QOL（Quality of Life）を実現するために、入院医療から外来や在宅医療に医療の場をシフトさせる
3. 日本人の器用さ、文化の特性を活かせる医療及び福祉機器産業を日本の将来の基幹産業に位置づけ、在宅医療に活かせるテクノロジーを開発する医療および福祉産業複合都市構想を実現する

つまり日本がこれからますます高齢化社会になることを悲観的なこととしてではなく、ポジティブな現象として受け止め、生産性のある社会を作る手助けになればという夢である。

定年制度の廃止

日本では六十五歳以上をお年寄りと言うらしい。実は私は今、六十六歳である。私の同級生で公職にあった人たちは全員リタイアしている。しかし私はこれからあと二十年くらいは一線で働くつもりだ。私をヒューストンに呼んだドベイキー先生は今年（一九九九年）九十一歳である。彼は、世

手前が一連のテキサス・メディカルセンターの建物群。後方にはヒューストンのダウンタウンが見える

界一の規模のテキサス・メディカルセンターを設立、この五十年間世界の心臓外科をリードしてきた。

四年前までは、第一線の外科医として毎日五〜六例の心臓および大血管手術をこなし、その他に総長としてベイラー医科大学のマネジメント、院長としてメソジスト病院の運営にもかかわっていた。現在でこそ一週間に五〜六例の手術を行なうにすぎないが、それでもまだ現役を完全にリタイアしてしまう気にはなれないらしい。ドベイキー先生と同じように私も、定年退職のない〝永代外科学教授〟であるので、死ぬまで現役でいられるわけであるし、現役を退くつもりはない。

平均寿命が五十だった第二次世界大戦直後は、まさに人生五十年であり、定年も五十を目安に考えてよかった。しかし、それから半世紀以上たった現在、日本人は人生八十余年の時代を迎えている。定年もそれに合わせて延ばす必要はないだろうか。ドベイキー先生の例を出すまでもなく、日本では普通とされている六十五歳の定年から平均寿命の八十代半ばまでの間というのは、まだまだ仕事ができるのである。ところが今の日本の社会では、時代遅れの定年制度がまかり通っているために、この世代の人たちが活躍できる場所があまりにも少ない。それどころか六十五歳を過ぎて働いていると、企業の会長にでもなっていない限り、冷たい目で見られてしまう。

思うに、古めかしい定年制度は廃止すべきではないだろうか。仮にまた定年制度は残したとしても、六十五歳から七十五歳までとりあえずのばすべきであろう。これからますます少子化社会になる日本にとって、国家の労働力を維持するうえでもやはり必要である。そうすれば、超高齢化社会などもはや問題ではなくなるはずだ。人生経験はもちろん仕事についても経験の豊かな市民が生き生きした生活を送れる〝文化社会〟とも呼ぶべき新しい社会の到来がむしろ期待できるのではなかろうか。

高齢者の社会参加

人間の脳は使っていないとボケてしまう。私は日本の老人ホームや老人専門の医療施設を訪問したことが何回かあるが、肉体的に元気でまだまだ仕事ができるのに、六十五歳をすぎたというだけで、そこに入っている人がたくさんいた。健康であるにもかかわらず老人扱いされ、老人ホームでゲートボールしかやることがないという人が圧倒的だった。

これでは、健康を維持する以前の問題として、精神面でよい状況とは言えないと思うが、どうだろうか。まだまだ働けるのにもかかわらず、何もしないで政府より年金をもらってただ毎日を過ごすだけといった生活は私ならばごめんだ。何とかして日本で「お年寄り」と呼ばれている世代にも元気になってもらい、もっと仕事で力を発揮してもらう必要があるように思う。政府にとっても、今まで年金を与えるだけのいわゆる〝非生産的な〟存在が、仕事もできるしその働き次第では税金を納められるようにもなるのである。

アメリカでは人種差別や男女差別を仕事場に持ち込むと問題になるが、年齢差別（エイジ・ディスクリミネーション）も憲法違反になる。年をとったから仕事ができない、という発言は慎まなければならない。仕事をする場合、「年齢がいくつか」ではなく、「この仕事がやりこなせるか」という質問しかしてはならないのである。

約四万八千人の職員が働くテキサス・メディカルセンターには、ドベイキー先生や私の例でわかるように、六十五歳以上でも現役の職員は大勢いる。その他に約一万人のボランティアが働くが、中心となっているのは、六十代、七十代、八十代の、日本で総じてお年寄りと呼ばれている世代である。

彼らはたしかに年はとっているが、身体は十分に動く。豊かな人生経験を持つゆえに的確な判断能力があり、信頼できるし責任感も強い。患者の気持ちを理解し受容する力がある。人生の機敏も心得ている。彼らが関わることで患者にもプラスに働く場面は多く、病院にとっては優秀な労働力を、お金を使わずに活用できるという点で経費節約の側面もある。そして何よりも彼ら自身にとっては、自分が家族や社会から必要とされていると実感できるのがやはり大きい。

肉体的若さの維持

人工臓器の技術を使えば、年とともに血液の中に増加する病的高分子物質を血液から取りのぞけ、肉体的な若さを保つことが実は十分に可能だ。一九七〇年代から開発に取り組んでいる前述のアフェレーシス（〝アフェレーシス〟とは、そもそもギリシャ語で「分離する」という意味であり、ここでは血漿から悪玉のコレステロールや、蛋白質など身体にとって有害な分子であるゴミを取りのぞく技術を言う）である。私たちが自己免疫疾患、たとえばリウマチなどにかかった場合、身体の中に病因性の蛋白質、いわゆる「抗体」が急激に増加する。これらは冷却すると簡単に分離することができ、私は一九八〇年代よりこのような蛋白質の複合体を〝クライオジェル〟と呼んでいる。クライオジェルは、自己免疫疾患にかかった時だけでなく、加齢とともに増加する傾向を持つ。

このような高分子の病的な物質を、私たちが開発した二重フィルターで血漿から取り除くと、自己免疫疾患が治せるのみならず、肉体的な若さを保つことができると考えられる。白血球機能も正常に戻すことが可能だ。

実際、クライオジェル除去療法を重症リウマチの患者に行なったところ、ベッドの上で動くことができず痛み止めの麻薬中毒に近い状態だった患者が、約二十回の治療により半年後には普通の生活を送れるまでに回復した。固定化していた関節は人工関節に置換しなければならなかったものの、その後は一年に数回の治療でリウマチの病状の進行を止めることができたのである。

現在、この治療法は、北海道においては北大第一外科出身の河村明夫博士が中心となって札幌の北榆病院で行なっている。

老化の防止

日本は世界的にも長寿国として認められてきた。しかし、老化のメカニズムや老化を防ぐ方法については十分に解明してきていない。

ここで、私なりに私たちが経験する老化現象について考えてみたことをあえて勇気をもって発表したい。この分野に関して私はまったくの素人であるけれども、時には素人の発想が、難問を解決するうえでの意外なヒントとなることがあるものだ。

私が考える老化のメカニズムはこうだ。年をとると身体の中に病的高分子物質がまず増える。このために白血球機能が狂い、それと同時に動脈硬化が進む。また、病的高分子物質の増加は血液の粘性を増し末梢循環がこれにより悪化する。こうして臓器組織の障害が引き起こされる。これが（一般的な臓器レベルでの）「老化現象」と考えられないであろうか。

また、次のように言い換えることもできる。つまり、体の中に増加した病的高分子物質と損なわれた白血球機能の影響により免疫機能は「活性化」するか、あるいは「抑制化」へと導かれる。前者に働いた場合は自己免疫疾患になり、後者に働いた場合が老化現象につながる。すなわち癌になりやすくなり感染がおこりやすくなる。

ただ、脳という「臓器」の場合は一口に老化現象といってもその表れ方は複雑である。脳の血管障害によって起こる明らかな「臓器」としての機能の障害――病因の明らかでないアルツハイマー病はここでは除く――もあれば、思考や物への感覚といった〝意識〟の（老化）問題にまで及ぶからだ。しかしながら、「臓器」としての機能維持という点で言えば、前述したアフェレーシスの技術は脳の老化防止に有効な側面を持つ。血液から病的な高分子物質や白血球を除くことで脳血流を回復させ、脳の正常機能を維持させてくれるからだ。

しかし、肉体的な脳の若さの維持がかなりのレベルで実現できたとしても、それだけでは人間の持っている総体的な脳機能の若さの維持にとって十分でないことは明らかであろう。たとえば、どんなに身体が健康であっても、先ほどのゲートボールしかやることがない人や、家族から孤立した老人は早くにボケてしまったり、病気にもなったりしてしまう。逆に、家族からのサポートが受けられ、地域との関わりを積極的に持てるお年寄りというのは、それほど老け込まずに若さを保て、また健康でいられる。脳の若さは肉体的に正常な脳機能のほかに精神的な脳機能の若さの維持が必要であるということだ。

アフェレーシスの技術は、たしかに肉体の老化を防止するものであるかもしれない。しかし、本当に人間としての若さを保つためには、お年寄りが肉体的な若さのみならず精神的な若さを自分自身で維持することが必須となる。そして、お年寄り自身が、自分が社会にとって家族にとって必要と感じられた時にこそ、本当の若さが維持できるのである。

壽臓（Juzo）

人類を創造した神様は人類の種の保存は考えていたが、長寿までは頭になかったはずである。つまり、生殖機能がなくなれば人間としての役目を果たし終えたことになる。つまり、神様は私たちが若さを保ち長寿でいられるような臓器は与えてくれなかったということを意味する。だが、私たちはいつの時代も長く生きたいと願うものである。

そこで、健康で活動的なHigh QOL（以下、HQOL）を楽しむためには、神様が私たちに与えてくれなかった臓器を自分たちの手で作らなければならないことになる。それが、アフェレーシスという人工臓器の技術であり、これからのよりよい長寿社会、長寿であることが本当にお年寄りにとってハッピーな社会を実現するために役に立っていく技術である。この臓器を私はJuzo（壽臓）と呼んでいる。「ことぶき（壽＝寿）」の名のとおり、長寿のための新しいタイプの人工臓器である。いわば神様が創り忘れた臓器である。

二　高齢化社会への対策

ハイメックス計画

ここで、私が約十年前に北海道に提案した高度先進医療および福祉技術開発シニアシティズン複合都市構想（またの名を〝ハイメックス計画〟ともいう）の要点を述べたい。

まず、北海道のある場所に約二百ヘクタールの土地を確保する。そこに、ドーム内臓の高層建築の街を作る――このような建物はハイヤット・リージェンシーホテルチェーンによって証明されているように維持費は安い。

一つのユニットとして、敷地面積約一万平方メートル・高さ十二階（一階はショッピングおよびレストランなど、地下はパーキングであり、三階より十二階までが居住区に当たる。二階部分には公共区が設けられ、メインフロアとしての機能を果たす）の建物がペアになる。建物と建物をつなぐ二階部分はグリーンベルトや運動場として利用され、ここ自体がドームで囲まれた全天候型のスペースとなっている。なお、一つの建物には約二百世帯が入り、一ユニットで約五百人以上の住民が居住できることになる。

もし互いに連結しあってる二十のユニット（私の十五年前の原案では一千億円の予算）が作られたとすると、一万人の市民がそこに住む計算になる。そして、その三分の一の住民が高齢者であるとすると、少なくともそのうちのおよそ十パーセントはひとりでの生活に不自由し、ケアを必要としている（あるいは、これから必要とする）人たちで占められるはずだ。数にして三百人から五百人ほどであろうか。

この街のもう一つの特徴は、約三百例の在宅医療・福祉機器の臨床使用のデータが得やすい環境にあるという点だ。新しい医療機器が政府承認を得るために必要とされる臨床例は、ここに住む三百～五百人の人たちを対象とするだけで十分にまかなえる。言い換えればそれは、最新の医療・福祉技術の提供をこの街の住民は無料で受けられるということであり、それ故に医療および福祉機器の開発が効率よく短期間で進むほど、住民の医療費はトータルで安くなるだろうということだ。つまり、この街に住んでいる住民は病院に行く必要もなく、在宅で最新最高の医療を受けられるからである。医療費を最低のレベルに抑えることが在宅医療以外にないことは後述するようにすでにアメリカの医療で証明されている。

さらには、これらの医療・福祉機器開発に取り組んでいるメーカーの本社や研究所が、直接使用者や患者からフィードバックを受けられるのでこの街の周辺に集中することにもなる。いわゆる企業団地が形成され、医療・福祉機械の製造工場が建設されるのは間違いない。

そこで、たくさん集まってくるであろう企業グループをマネージメントするための医療・福祉機器開発研究所を設置すれば、世界中から一流の研究開発者が集まるのは必至だ。医療・福祉産業都市としての明るい未来が見えてくる。

これからの街

高齢者だけが集まる街では暗くなってしまう。この街のコンドミニアムは高齢者と若者の二世代住宅を基本に考えたい。そうすれば、老人のひとり暮らしの問題も少なくなるはずであり、高齢者の在宅医療には最新の治療法や機器がすぐに採り入れられるので、互いに安心した暮らしを営める。ここでは在宅医療に対するサポートが能率よく行なわれるが、それには（医療・福祉機器開発に取り組む）地元企業の協力が大きい。

もちろん、若者が集まる文化、教養、娯楽設備の充実は言うまでもない。飲食やパーティおよびショッピングのできるセンターもあれば、銀行や保険会社などのオフィス街も一階に見られるが、やはり在宅医療が中心の街であるので、メインフロアである二階には外来メディカルセンター、在宅テレメディシン本部、在宅ボランタリーセンター、在宅看護センター、在宅医療福祉機器サプライセンター、リハビリセンター、在宅医療教育センターなどがやはり目につくだろう。また、各種公共施設、たとえば託児所、デイケアセンター、運動センター、集会センター、コンサートホール、プール、学校、郵便局、図書館、役場の施設もこの階に十二分に整っている。

街の中では、エアポートのようなピープルウォーカーや小型のエレクトリックカーが便利。雨や雪は降らず、四季を通じて春の生活が楽しめる。地階には空港と直結した電車が乗り入れ、この街へは東京より冬でもコートなしで訪れることもできる。

このような環境のもと、街では半ボランティアとして元気に働く人たちの姿が、とりわけ六十歳以上のお年寄りを中心に多く見られるであろう。事実、公共的なサービスの多くは、彼らの働きによって担われ、街（行政）としては労働力として安価で、しかも常に安定した供給が可能な労働力を積極的に活用しない手はない。彼らにとっても、一日のうち短い時間を仕事やボランティア活動に費やすことで人や社会とのつながりを実感でき、身体の健康とともに長寿に必要とされる精神的な安定と満足を保つことができる。

ハイメックス計画は、高齢化した社会の特徴を悲観的なものとせず、それらをポジティブに捉え、そして発想を転換することで新たな可能性のみならず、発展のチャンスさえ見出していると言える。二十一世紀に向けて、このような希望にあふれた社会の実現に向け努力すべきではないか。

アメリカ医療の転換

ここ十年でアメリカの医療は大きく変わった。最も大きく変化したのは、入院医療から外来および在宅医療へのシフトだろう。

外来および在宅医療にシフトした理由の一つには、医療費の高騰があげられる。アメリカの入院医療費は非常に高額である。一日の入院に約千ドル（日本円で約十二万円）が請求される。しかも国民の三分の一は保険に加入してないため、高すぎる医療費が払えなくて受診できないケースも少なくない。高度先進医療がますます普及する中で、高騰する医療費をどう抑えるのか。高価な機器が必要な高度先進医療をストップすべきなのか。国民が質の高い医療を公平に享受できる、バランスのよい医療のあり方はないのか。

高騰する医療費の問題と医療の将来像をテーマに、アメリカで活発な議論が行なわれるようになったのは昭和六十年（一九八五年）頃からである。NIHでは、先進医療テクノロジーと医療費問題をテーマに、医療の将来像を模索したテクノロジー・アセスメントが行なわれ、その報告書が政府予算を決定する議会の要求で提出されることになった。この報告書はNIHの医療機器開発担当のジョン・ワトソン（John Watson）博士の依頼で、一九八五年に私が作成したものである。

〝ハイメックス計画〟は、アメリカの高齢社会に対してのテクノロジー・アセスメントを下敷に描かれたと言ってよい。将来、アメリカの医療をどうすればよいものにできるかを報告書の中で考える一方で、他方で私は将来の北海道にとって必要と思われるポイントを、社会的そして政策的な側面からすべて検討していたことを認めなければならない。アメリカ政府のためにだけ作成した報告書では実はなかったのである。

その後、北海道のハイメックス計画の青写真作りの中心人物となったのは以下の二人であった。医学関係では北大第一外科講師・松下道明博士と工学関係では北大工学部助教授の村林俊博士であった。

アメリカ医療の現況

当時、アメリカ議会への報告書の中で私は、医療および福祉技術の開発を外来および在宅医療用へと向ければ、高度先進医療技術の開発が必ずしも医療費の高騰には結びつかないと結論づけた。人工心臓を例にとると、開発や製造にはお金がかかっても、完全埋め込み型の人工心臓が開発されれば患者は自宅にいるままで、通常の生活を送りながら医療費を払わないで治療を行なえる。内科的な治療を入院して続けるよりも、人工心臓を埋め込んだほうが結果的に医療費が安くあがることになる。そうなると、人工心臓も在宅医療機器の一つに数えられるのである。

これは、私が昭和四十一年(一九六六年)にカントロビッツ型補助人工心臓を埋め込んだ患者を知っていたからにほかならない。短い期間(八十数日間)ではあったものの、患者は自宅でほとんど普通の生活を送れた。これまでに約四千人が人工心臓および補助人工心臓を利用している。ところが、最近になりやっと患者は手術後二週間から四週間で家に戻るようになった。中にはそのまま三年以上も無事に過ごす例があるという。

私の答申が引き金になったかどうかはわからない。しかし、この十年でアメリカの医療が入院医療から外来そして在宅医療へと大きくシフトしたのは事実だ。入院すると一日千ドル以上はかかっていた医療費も、病院と連携したホテルに宿泊しながら外来に通うと、基本費用は約二百ドルで済む。保険会社も医療費の支払いを抑制できるので、外来と在宅医療へのシフトに飛びついた。逆に入院治療に力を入れても保険会社からは医療費を支払ってもらえなくなっている。

外来より在宅治療へ

外来で手術を済ませられる新しい医療技術の開発も盛んである。日本でも胆石の患者に腹腔鏡を使う手術法がアメリカと同様に行なわれるようになった。おかげで手術の際に大きくお腹を開けなくても済むようになったし、何より入院の必要がない。アメリカでは、肺切除までも内視鏡のビデオを見ながら外来で手術するようになってきている。麻酔もすぐに醒めるものが開発されており、手術後長く病院にとどまる必要がなくなった。

外来および在宅医療へのシフトは、病院機能や病院のイメージを大きく変えた。アメリカの場合、もはや外来でできない手術は特別なもの以外にはなくなったと言ってよい。外来には入院ベッドの代わりに回復室が用意される時代なのだ。

入院の機会が減ったことを受けて、テキサス・メディカルセンター内の最大病院、メソジスト病院では千六百あったベッドを五年前の平成五年（一九九三年）に半分の八百に減らした。それと同時にメソジスト病院より約二倍も広い外来専門の棟を建てている。また、癌の研究治療で知られたMDアンダーソン病院（同じくテキサス・メディカルセンター内に属する）は、五百のベッド規模はそのままに施設面積を三倍にしている。外来診療室、在宅医療の教育指導施設など、外来と在宅医療のための設備の需要が急増したからだという。メディカルセンター内のホテルも増え六つを数えるようになった。

私が見るところ、次の時代は医療行為の受けられる複合住宅が医療の主流になるはずである。その証拠に、テキサス・メディカルセンターで正常分娩を扱う産科の病院の病室は、一般住宅タイプと異ならないものにだんだん近づいている。出産までできるだけ家族と一緒に過ごす。それまでと同じ生活を患者に続けさせる。出産はできればその部屋で、それまで寝ていたベッドで行なうのは当たり前というわけだ――私がベイラー医科大学に移った一九八九年十一月、テキサス・メディカルセンターには八十の建物があったが、その後十年間にセンター内で新築された二十の建物のほとんどは外来専用の建物でもあった。

つまり、「医療行為は病院で行なわれる」という日本の考えは間違いであることになる。これからは自宅で医療行為を行なう場合を考慮して住居の設計に工夫を凝らさなければならないのである。これから建てるアパートやコンドミニアムには、寝室に電動ベッドが入れられるのはもちろん、酸素供給管と吸引ラインの設備が必要だろう。トイレは車椅子でも出入りができるものにしたい。そうすれば、大がかりな手術を除き、ほとんどの治療が住宅で行なえる。ただ、普段は酸素供給管や吸引ラインはスライディング・ドアなどで隠され、一般のアパートとして利用ができるものを考えられればと思う。

今までの医療行為に対する反省

平成九年（一九九七年）、私は日本で初めての、国立大学およびその附属病院の学外評価委員の委員長として、三重大学とその大学病院の運営に関する評価を約一週間にわたって行なった。訪問してまず驚いたのは、アメリカで一九六〇年代の一時期に採用され、その後はかえって効率が悪いという理由からほとんど廃止された中央手術場システムがいまだに存在していたという事実である。

大学病院でありながら、心臓大血管手術が年間二百例を超えないというのはこの効率の悪いシステムゆえである。入院期間は平均約一ヶ月にも及び、五十年前と比べてもあまり改善が見られない。三重大学ではこれを短縮して約三週間に近づけるとともに、さらに短い入院期間で済ませられるよう努力を続けている。

数年前であるが、北大病院も当時の大浦病院長と大田総婦長の努力で、入院期間の短縮を図り赤字病院を黒字大学病院のトップのひとつに変えている。アメリカの大学病院クラスでは、一人の心臓血管外科医で年間五百例以上の手術をこなす現状からすれば、日本ではいかに効率の悪い病院運営が行なわれているのかと考えさせられる。ちなみにテキサス・メディカルセンターでは年間一万例以上の心臓大血管手術が行なわれている。日本で年間に行なわれる全症例の三分の一以上の心臓大血管手術が、一箇所の施設で行なわれていることになる。

そのうえ、入院期間は普通一週間から十日以内である。最近は術式の進歩により四日で退院させるところが増えてきてもいるという。また、ベイラー医科大学では整形外科手術でも、たとえば股関節完全置換手術による入院期間は四日という事実を考えてもらいたい。それにもかかわらず、手術成績はむしろ日本を上回るといっても過言ではないのである。

在宅医療の選択

外来および在宅医療へのシフトは医療費の高騰を抑えるだけでなく、患者のHQOLも実現した。手術が外来で可能になるということは、患者の身体への負担が少なくなって早く楽に治るようになったことを意味している。また、日常生活を送りながら治療や手術ができたなら、社会復帰のスピードもより早まる。経済的な負担や家族の負担も少なくなる。将来的には、外来から在宅医療への比重がもっと高くなるだろう。

平成十年（一九九八年）からは日本でも、在宅透析を行なった場合、医師へのモニター代がわずかながらであるが補償されるようになったという。ただ残念ながら、日本の家やアパートは狭く、かなり機械自体コンパクトになったとはいえ、大きな透析装置を家庭に持ち込むには抵抗があり、あまり広まらずにいる。けれども、日本は昔から共同風呂が世界一発達した国である。いわゆる古典的な在宅透析にこだわらずに〝共同透析所〟をつくればよい。町内会館でも、使用されていない小学校の教室でも、共同透析所に十分なりうる。お互いに助け合う患者の輪も広がり、長期透析のベテランからは医師や看護婦よりも的確な指示をもらえるようにもなろう。

私の自宅があるコンドミニアムの二階に、元日本初代総領事の未亡人が住んでいた。九十歳近い年齢で以前から白血病を患っていた。白血病が亜急性になり、主治医からは「治療法はいろいろあるが無理して治療しても半年から一年、治療をしなければ二ヶ月」と告げられた。

早速、主治医は彼女のコンドミニアムに酸素ボンベと吸引器を送り届け、体位を変えられるベッドを入れて二十四時間付き添いのヘルパーを手配した。つまり彼女は治療しないで家で死ぬことを選択したのだ。痛みのある時は痛み止めの注射を打ってもらい、苦しい時は酸素を入れてもらって、私たち夫婦をはじめたくさんの友人に看取られながら二ヶ月後自宅で亡くなった。大往生だった。彼女の亡くなるまでの様子を見ていて、患者がHQOLを維持できる治療を選択することこそ医療の本流であると思った。

そのためには、これから日本の住宅も在宅医療に向いた構造にあらためる必要がある。酸素供給と吸引の設備は是非とも必要だ。あとは、寝室のスペースを電動ベッドや輸液装置が入れられるぐらいに広くできればいい。浴室やトイレにしても車椅子で利用できるタイプにできれば理想的である。

テレメディシン

もうひとつ、これからの在宅医療にとりわけ欠かせないと思われるのが双方向のテレメディシン(遠隔医療)システムである。電話線、有線放送、インターネットなどを使って血圧、心肺機能などのデータを遠隔からチェック、さらに二十四時間テレビモニターでの監視によって付き添い看護の必要はなくなる。逆に、医療スタッフが終始付き添っていなければ患者が帰宅できないのであれば、それは本当の意味で在宅医療とは言えないように思う。

このシステムはいったん開発されれば、それほど高価なものではなくなる。そのうえ、テレメディシンにより、在宅医療にかかる費用が五十%カットできたといった報告さえある。また、この分野で最高の技術を持っているのが実はわが日本なのだ——前述のハイメックス型の街において、テレメディシンのシステムは最も効率よく機能するだろう。

日本でも医療費の高騰が問題になっている現在、入院医療から外来および在宅医療へ将来的にシフトせざるをえない状況だろう。そしてそれは患者のＨＱＯＬを実現する点で患者にとってもプラス面が多いことを、アメリカの医療の現状は如実に示している。

姑息手術

十数年前、アメリカ医療機器協会の学会シンポジウムにパネリストとして招かれた。テーマは最新医療機器と医療費高騰の問題であり、私は在宅医療にシフトすれば医療費は抑えられる、人工臓器を使えばそれが可能だと話したのだが、パネリストの一人であったハーバード大学心臓外科のドアイト・ハーケン（Dwigtt Harken）主任教授は治らない病気は治療するなと講演した。当時は暴言にしか聞こえなかった発言に対して、十数年後の今、アメリカの医療の現状はまさにそのような流れの中にある。

かつては癌の手術というとアメリカでも根治手術が普通であった。その結果はと言えば、手術に耐えられなくて死亡する患者が三分の一、入退院を繰り返してＨＱＯＬを送れない患者が三分の一、最後の三分の一が普通に余生を全うするという具合であった。ところが、現在は治らない場合には根治手術はしないという方針が主流だ。私も十数年前の意見とは異なって、根治手術による治癒の可能性がたとえあったとしても、その結果、ＨＱＯＬが実現できないことがわかっているのなら、根治手術はしないという方針に賛成したい。

最近では、昭和天皇が膵臓癌で手術された時に行なわれたのがやはり姑息手術だった。腸のバイパス手術によって、昭和天皇は苦しまずに予後を過ごされたのである。根治手術を選択せずに、腸が詰まったならば腸が通るように、食道が詰まったら食道が通るような姑息手術で、できるだけ日常生活を送れるようにしたほうが患者の体力が温存されるだけでなくHQOLの条件を満たす。優先されるべきは患者のHQOLなのだ。

日本の場合、特に癌では根治手術が行なわれることが多い。手術の後、抗癌剤治療が始まる。抗癌剤には強い副作用があり、また全員に効くわけではない。十～二十パーセントの患者に効くだけの抗癌剤を、実際にどのくらい効くのか不明なままに、強い副作用に苦しみながら使い続けるというケースがまだ少なくない。

日本の医療現場は、患者のHQOLこそ目指すという立場で、患者や家族を交えて治療方針を再検討する必要があるのではないだろうか。

三　医療産業複合都市構想

テキサス・メディカルセンター　十四の病院と複数のいくつもの教育機関からなるテキサス・メディカルセンターはヒューストンの市としての基幹産業の一つで、最大規模の雇用先である。メディカルセンターが市に与える経済効果は大きく、年間に約一兆円とも言われている。ヒューストンはテキサス・メディカルセンターによって経済的に支えられていると言っていい。ヒューストンとテキサス・メディカルセンターのような都市と医療機関という関係は、果たして日本でも実現可能なのだろうか。「イエス」と私は答えたい。

私がベイラー医科大学に移る際、ドベイキー先生が次のように言ったことが忘れられない。

「実は今だから言うが、テキサス・メディカルセンターは私の失敗作だ。確かにこの四十年間、私は病院（患者の治療）と大学（教育）と研究所（研究開発）をこのセンターの中につくってきた。それも世界一にした。しかし一つだけ忘れていたものがある。それは医療産業だ。

近代外科学、特に心臓血管外科の構築に私は貢献したと思っている。この医療技術を支えるための産業は実に莫大だ。私の考えた医療機器だけでも、私自身、記憶しきれないほどたくさんある。確かにそれらのロイヤリティーはもらっている。しかし、もし私がこれらの医療技術の開発研究所のみならず、それらにかかわる医療産業や工場等をすべてこのメディカルセンター周辺に作っていたら、ヒューストンは現在のシリコンバレーなどとは比較にならないほどの医療産業の中心地になっていたはずである。

君が日本のため、そして北海道のために書いた、ハイメックス計画をたまたま読ませてもらって私は思う。今からでも遅くないから、君がベイラー大学にきて、この大学とテキサス・メディカルセンター周辺に医療産業のコンプレックスシティ（複合都市）を作ってもらえたらありがたい」

残念ながらその時の私は、半ば諦めながらも、故郷である北海道での計画の実現にかすかな期待を持っていたので、ヒューストンでの計画についてはあまり協力できない旨を伝えた。しかし、二十一世紀を目前に控えた今、結局北海道でできなかったものをヒューストンで作るということも、私の中では、これからの十年をかけた夢の一つとして再び大きく膨らみつつある。

日本人にあった産業

ドベイキー先生の目から見ても日本で、このテキサス・メディカルセンターより夢のある生産性のあるセンターを実現する可能性はまだ十分に残されている。アメリカより一足先に高齢社会への歩みを速めつつある日本では、現在の日本経済の中心をなす大量生産型産業に代わる、次世代を支える産業が本当に求められているからだ。在宅医療の分野は、そういう意味で、今後かなりの発展が期待されている分野である。在宅医療・福祉機器やその技術の開発には今やっと手が着いたばかりだ。

私はアメリカで人工臓器の開発に携わりながら、多くの留学生を受け入れた。私の研究所のみならず、その他の研究所でも日本人研究者をたくさん受け入れている。日本人研究者の多くは優秀で、人工臓器のアイデアを多く提供してきた。彼らの努力があったからこそ、アメリカでは多くの人工臓器が実用化されたのである。しかしながら、実用化に際してはその権利は原則としてアメリカに帰属してしまうのが当たり前だった。

日本に人工臓器や在宅医療に不可欠な医療・福祉機器システムを開発できる大規模なメディカルセンターがあれば、アメリカ以上に優秀な研究者を集めて新しいシステムの開発が可能なはずである。そのための研究所を作ることがまず重要である。病院はもう必要ではないし、すでにあるメディカルセンターなどもいらない。これからの医療は家庭で行なわれるからだ。そして高齢者にとって生活しやすい、在宅医療に適した街ができれば、それが二十一世紀のメディカルセンターなのである。

医療・福祉機器産業

前述したように、一箇所で三〇〇人以上の臨床治療ができるようなところは世界にない。患者から寄せられる感想や意見はすぐに新技術の開発に採り入れられる。一方、協力した患者に対しては最新の治療や機器の提供が無料で行なわれる。医療・福祉機器の開発競争は熾烈を極めるが、このような医療および福祉産業複合都市が日本で実現すれば、開発コストの大幅な節減が期待できるだけでない、通常三年は見なければならない開発期間を半年ほどに短縮でき、最新医療・福祉機器のパテント（特許）を日本に集めることが可能になる。ひいてはまた、そうした最新の医療・福祉機器を使用することで、高騰する医療費を総体的に抑制することも可能かもしれない。

医療および福祉産業複合都市構想は、日本文化の特性にもよくあっている。日本は自動車産業で経済発展を遂げ、現在はコンピューターを用いた通信などのコミュニケーション産業が好調である。しかし、このような大量生産を専らとする産業では、人件費のより安い国々からより安い商品が入ってきてしまう。一時、韓国製自動車が日本車の世界市場をおびやかしたようなことが今後も起こりうる。それに比べると医療・福祉機器産業は大量生産がきかない。マーケット、すなわち個々の患者に合わせて時間を置かずにオーダーメイドできることが大切で、日本の握り寿司に代表される文化の特性にぴったりなのである。こういう要領のよさを文化の特性として持つ国は日本以外にいない。しかも、開発費がかかる分野なために経済発展を遂げた国でないと取り組むことができないし、高度な工業科学技術の発展と、境界領域に強い研究者を必要とする点をさらに考え合わせるならば、そうした国は世界でも日本しかないのである。日本であればこの分野で、過去五十年アメリカがしてきたように、世界中より一流の研究者を集めることも可能である。

医療・福祉産業複合都市の実現には、国や地方自治体の支援が不可欠である。世界の開発競争に勝つためには、安全性が確認された新しい治療法や技術を即座に臨床治療に応用できるように、法律や制度の見直しが急がれる。

医療および福祉産業複合都市構想を故郷の北海道で実現したいというのが十年前の私の夢の一つであったが、現在では特に北海道にこだわっていない。世界中どこであろうとも私の夢を実現させてくれる場所があれば、これに越した幸せはない。ちなみに、日本でも数箇所ハイメックス計画に似た計画が作られつつあると聞く。心強い限りである。

ボーイズ・ビー・アンビシャス　四十数年前に、三上先生から一生かかっても達成が難しい夢を与えられた。その夢を実現するために全力を尽くした、これまでの年月は本当に充実したものであった。努力をいとわず精一杯努めてきたが、毎日毎日楽しくてしようのない年月でもあった。しかし、夢の達成には様々な苦難を伴う。失敗も少なくない。失敗し自分の間違いがわかった場合には、自分や自分のまわりの損得を考えずに、まずその誤りをあらためようと対応してきたつもりである。

この本が、北海道の若者のみならず、日本の若者に何らかの夢を与えることができれば幸せと思っている。北大の先輩がたえず持ち続けたロフティ・アンビションとは、ケネディ大統領が言ったように、自分のためではなく日本のため、そして世界のために尽くすものでありたい。それは、クラーク先生が教えてくれたことでもある。私なりにロフティ・アンビションの精神を次のように要約してみた。

1. 一生をロフティ・アンビション達成のために捧げよう
2. 一生を捧げるに値する夢を持とう
3. そして、その夢達成のための努力を一生続けよう
4. そのための努力と仕事は、自分のためだけでなく、国のため、世界のために役立つものでなければならない

さあ、夢を持とうではないか。夢達成への道は大変だけれども、無限の好奇心を持ち無限の情熱を持っていれば可能である。また、夢達成までは茨の道を歩むことになろうとも、無限の楽天性を忘れてはいけない。そして、自分の夢を理解してくれる真の友を持とう。私は同じ大学で育まれた私たちの友情を信じている。

最後に、私がこれまでたえず掲げ続けた人生のモットーをここに紹介し、この章を終えたい。

Unlimited curiosity,
Unlimited enthusiasm,
Unlimited optimism and,
Unlimited friendship.

編纂委員

編集

能勢之彦（医四）

資料研究

中根幸雄（医四）千葉享（医四）古川清一郎（法三）能勢邦之（法三）志田野政鉄（経三）工藤二郎（経三）望月考昭（医三）中野功一（工三）飯塚敏彦（教二）熊谷治（教二）水本正義（教二）藤井卓（教二）

草光葵（教二）横地弘（教二）田島重喜（医三）入山祿郎（教二）小島覚（教一）

編集費調達

萩原国男（経三）古川清一郎、能勢邦之

カット

今田敬一（北海道大学農学部教授・黒百合会会員）

資料提供者

高倉新一郎、岡不二太郎、宇野親美、河邨文一郎、逢坂信忢、金田邦夫、中村光慶、服部清治、加治治、井上力太、安井勉、魚住晤、枝将、武田暹、亀谷修一、富樫一、佐川真一、伊藤弓多果、野呂英三、他十四名

参考資料

北海道帝国大学新聞、北海道大学新聞、北海道新聞、北海タイムス、朝日新聞、

開拓使報告書（開拓使編）札幌農学校（第三版、札幌農学校学芸会編、裳華房、明三五）札幌農学校第一年報

（英文、開拓使編、明一一）札幌農学校学芸会雑誌「蕙林」、東北帝国大学農科大学（富貴堂、明四三）創立五十周年記念北海道帝国大学沿革史（北海道帝国大学、昭三）北海道帝国大学一覧（大一五〜）恵迪寮史（北海道帝国大学恵廸寮、昭八）恵迪寮寮務日誌及び庶務日誌（昭和七年より昭和二七年まで二一冊）我がクラーク先生（クラーク先生胸像再建期成会、昭二三）クラーク先生とその弟子達（大島正健、帝国教育出版部、昭一二）クラーク先生詳伝（逢坂信忢、丸善、昭三一）時計台の鐘と北方の文化（北海道帝国大学、昭一〇）内村鑑三全集（岩波、十、十一、十八）宮部金吾伝、新渡戸博士追憶集、佐藤昌介とその時代
北大文芸、桜星会雑誌、北大季刊（第四号）桜星会文芸部史（北海道帝国大学予科文芸部、昭一二）文武会紹介（昭一三）
大学、その理論と実際（国元書房、昭二五）日本の大学（大久保謙、創元社、昭一八）大学及び大学生（大室貞一郎、新文芸、昭二二）
中央公論、文芸春秋
北海道労働運動史（渡辺惣蔵）明治大正政治史、日本歴史講座（河出書房　昭二七）日本史の研究（森末義彰、旺文社）昭和史（岩波新書　昭三〇）その他

資料に関しては高倉教授（図書館長）の適切な指導及び、中央図書館職員の親切な協力に深く感謝を表したい。

なお本書の出版には、中谷宇吉郎教授の非常な尽力を賜ったものである。

that great city since I last saw it 33 years ago. And I found that life today in a Japanese metropolis is not very different from the life that one sees going on around oneself in an American metropolis. And in one corner of Hibiya Park I saw a little toy railroad with a little car running around, run by electricity. And in that car were a boy and a girl, and. they were sitting there—sitting up like this—and the car was going around and around. And on their faces there was a look of complete thoughtlessness, as if they did not know really where they would be next—as if they were not sure just where they were going. I have seen just such faces in American parks, in American circuses, in American moving picture houses. It is the same way all over the world today. Men and women are running around in mechanisms of their own making, and they are not at all sure where they are going. And it only takes a man with a lust for power and with a personality to command people, and all these millions of bewildered souls can be led to cruelty and destruction.

What President Clark hoped this institution would become was not merely an institute for the advancement of practical living, but also an institution that would teach how to live rightly, and how to develop dignity and responsibility. He wanted the university that was to be to give a direction and a purpose to the lives of all young people. And I think he would agree with me that the greatest question that I can leave with you today is a saying that he, I am sure, quoted over and over again to those students 80 years ago, "What doth it profit a man if he gain the whole world and lose his own soul?" And I might emend it also to read, "What doth it profit a nation if it develop all kinds of technological and educational resources and know not whither it is going?"

(北海道大学 80 周年記念式典でのクラーク二世の講演)

important with the advancement of learning and the training in all kinds of technological developments and researches—he made very clear that he also thought the function of the college and the function of all kinds of technological developments and researches—he made very clear that he also thought the function of the college and the function of all education was to train manhood, *Manhood*. And in his first report of the Sopporo Agricultural College, I find this significant sentence: "Every teacher should make his character and conduct worthy of the imitation of his pupils, and should seize every opportunity to impart to them useful information..." Note: "useful information in regard to the care and control of their bodies, the discipline and enrichment of their minds, and the dignity and worth of their immortal natures." I like that last phrase particularly, "the dignity and worth of their immortal natures." Yes, the art of right living, President Clark left as a significant stamp upon the tradition of this institution, and I want to say very humbly this morning that I think the wisdom of that philosophy is made evident by the record of his influence from 80 years ago until the present. The vitality of that influence, of the impact of President Clark's personality, is, if I may say so, without pride, it seems to me one of the most remarkable demonstrations in educational history of the importance of man upon man.

Now, as a teacher in a large university—a university whose daytime enrollment is about equal to that of the Hokkaido University now-I become more and more concerned as I grow older in experience and, I hope, grow warmer in my human relations—I grow more and more concerned at what the future holds, not only in the United States, not only in Europe, but in Japan, in regard to the product which colleges and universities are turning out. There is no question of the excellence of our technological training, but we are faced with a very grave danger—a danger which I think I do not hold alone in regard. Just this last Spring in Cincinnati one of the most eminent of American atomic physicists said in my hearing to a group of graduating senior students—he said, "Of what use is it to train engineers, scientists, experts of all kinds in the ways and means of living if we do not know afterwards how to live?" He said, "The next hundred years in the history of mankind are to be a crucial period-to test whether the imagination and the character of man can hold-up in the face of the vast mechanisms that he is building around himself in modern civilization."

The other week, on a Sunday afternoon, I was walking in Hibiya Park in Tokyo, trying to see a little bit of what had gone on in in practical affairs, to be leaders in the development of Hokkaido, and perhaps of Japan in general. The emphasis in this direction was to be upon the advancement here in Hokkaido through the college—the advancement of scientific and technical knowledge. It was, in other words, part of the purpose of President Clark to teach the Japanese youth who came under his guidance—to teach them how more capably, more efficiently, to develop the resources of this island, and by so doing to enrichen the condition of living for the whole country. In other words, President Clark had as part of his mission the teaching of Japanese youth to learn how better to control the resources of life—to make life more comfortable for men and women in this land. And in so doing President Clark gave himself zealously to the task. And he set up as one of his sayings, which I found not long ago in a long-lost diary written here in Sapporo—not many pages—but I found this significant sentence which I am sure he must have used over and over again in talking to faculty and students here. He said, "Let us imitate whatever is better than we know, no matter the place of its origin." "Let us imitate whatever is better than we know no matter what is the place of its origin."

Those Japanese students, this institution, have learned that lesson well. The record of the years is its own proof. We have now a university of 10 faculties, four or five research institutes, and I don't know how many experiment stations, schools and what-not. It is a very impressive program of education—one that my grandfather, I think, would hardly recognize, so large is the tree out of the seed that he planted. No, there can be no question that the people of this country, that the leaders of this institution through the years, learned that lesson well—the advancement, the progression of knowledge for the control of resources of the ways and means of living.

But my grandfather was not content as an educator to stop at that point. He realized that there was another kind of education which was equally necessary—that man must also learn to control himself—that it was not enough to train young men to be technologists, mechanicians, experts, scientists, doctors and what-not—that unless first they learned the art of right living, unless they first learned how to get along with themselves, to get along with their wives, to get along with their family, to get along with their community, to get along with fellow countrymen, to get along with the world, that they would not be the right kind of leaders, the proper kind of citizens for a great country And so from the very first days that President Clark set up the program of education in the Sapporo Agricultural College, he made very clear that he considered equally

Address by Professor William Smith Clark II
September 15, 1956

This is, so to speak, in the nature of a reunion for me, I first came to this campus 35 years ago, and I laid my roots here, in part, and those roots still remain. I might say, indeed, that some fresh sap has come from those roots in the last week or two since I came to Hokkaido. I remember very well seeing many students such as I see this morning. I remember very well playing basketball in an old building over there, now gone. I remember very well taking hikes with some of the university students on Mount Teine and Mount Moiwa. And I remember also going with some of those same students to Nakajima Koen to play ice hockey. And I also understand that the tennis courts on which I played hardball—softball is no good—on which I played hardball tennis are still over there. So you see what I mean when I say that my coming today is for me something of a reunion. But of course it is something more also, and I cannot express to you—I have no words to express to you—the gratitude which I feel, on behalf of Mrs. Clark and myself, for the wonderful invitation which the Hokkaido University and the Ministry of Education of Japan have given us to come and share in this unusual and significant celebration. I thank you not only on our own behalf, but I thank you on behalf of the Clark family whom I represent here today None of them though, however, can understand quite my own feeling, because I am part here, always, forever, as I am also part of the United States of America. I can never forget Japan, just as my grandfather never could forget Japan or his Japanese students after he had once been to Sapporo.

I have no important or new message to give to you or to the university, and yet I am sure that you will not object if out of my experience as an educator, a teacher, I speak to you just for a moment in the spirit in which I think President Clark, were he here today, would wish me as his grandson to speak. I speak very humbly. I speak not simply as an American. I try to speak as a man who has the welfare of the world at the bottom of his heart.

My grandfather, I believe, intended to lay the foundations of two lines of training when he founded the Sapporo Agricultural College. The one line of training was perfectly self-evident. It was quite clear. It was the primary purpose of the invitation of the Japanese government to President Clark. It was, namely, the establishment of a program of education which would train young men to be leaders

［増補版］

北海道の青春

――北大80年の歩みとBBAの40年――

北大BBA会／能勢之彦 編

編者：能勢之彦（のせ・ゆきひこ）
1932年、北海道岩見沢生まれ。1957年、北海道大学医学部卒業。1962年医学博士修得後、渡米。ニューヨーク・マイモニデス・メディカールセンターを経て、1964年クリーブランドクリニック人工臓器研究所に入所。1967年～1989年まで、同研究所所長を務める。1971年より人工臓器部長兼任。1989年、ヒューストン・ベイラー医科大学外科学永代教授に就任、現在に至る。これまでに、国際人工臓器学会会長、アメリカ人工内臓学会会長、学会誌『人工臓器』編集長、国際人工臓器移植センター長、ＮＩＨ顧問などの多数の要職を歴任。また、国際人工臓器学会賞、ギボン賞など多数を受賞。著書に『人工臓器に未来をみる』（共著、三田出版会、1989年）、『世界のベスト医療をつくる』（はる書房、1999年）他12冊がある。

2000年1月20日　初版第1刷発行

発行所　株式会社　はる書房

〒101-0065 東京都千代田区西神田1-3-14　根木ビル
TEL・03-3293-8549　FAX・03-3293-8558
振替・00110-6-33327

組版／ワニプラン，印刷・製本／中央精版
カバーデザイン／シナプス

©Hokkaido-University BBA-kai & Yukihiko Nosé, Printed in Japan

ISBN4-938133-96-2　C0036

ひまわりシステムのまちづくり　―進化する社会システム―　**日本・地域と科学の出会い館編**

日本ゼロ分のイチ村おこし運動とは何か？――郵便局と自治体が手を組み、農協、公立病院、開業医、警察の協力を得て、お年寄りに思いやりの郵便・巡回サービス、ひまわりシステム事業を生むなど、鳥取県八頭(やず)郡智頭(ちづ)町で展開されている、地域おこしの目覚ましい成果はいかにして可能になったか。Ａ５判並製・278頁

■本体2000円

キャラバン風紀行　―"ボランティア"を超えたぼらんてぃあ的生き方―　**風人の会編／日本青年奉仕協会協力**

もう一つの日本地図を求めて、一年間ボランティアという活動を経験した若者たちが、北海道から沖縄まで３ヵ月間のキャラバンで、さまざまな活動先を再訪した。読者が気軽に訪ねられる新しい生き方の旅ガイドブック。Ａ５判並製・248頁

■本体1700円

身体障害者の見た　知的障害をもつ人たちの世界　**江口正彦**

自身が難病の特発性大腿骨骨頭壊死症を患いながらも、重度知的障害者更生施設で水泳ボランティアとして活動する。ボランティア活動が生み出すこころの癒し、共生の感覚を実感してゆく日々を丹念に記録。四六判並製・208頁

■本体1553円

医師との対話　―これからの移植医療を考えるために―　**トリオ・ジャパン編集**

海外での移植を選択した３組の家族がそれぞれ医療の現場で体験した悩みや不安、医師との関わり方の難しさ、あるいは「医療」そのものに対する思いを、医師へのインタビューのなかで自ら問題提起しつつ明らかにしていく。医師との「対話」の中に、日本の医療の明日が見える。Ａ５判並製・352頁

■本体2400円

移植者として伝えたいこと　―腎移植者13人の移植体験―　**日本移植者協議会編**

移植者が自らの体験を座談会や手記の形で語る。移植がもたらしたプラス面だけでなく、移植前後のさまざまな不安あるいは疑問（ドナーのこと、術後の拒絶反応や医療費の問題など）すべてに答える。四六判並製・256頁

■本体1553円

阪神大震災に学ぶ　医療と人の危機管理　**内藤秀宗編著**

大災害発生から３日間を乗り切るための対策や地震に強い病院づくりなどを具体的に記しているほか、病院機能が軒並み低下するなか患者の救護を続けた医師や看護婦らの悲しみや恐怖などの「本音」も手記の形で多数収録。Ａ５判並製・256頁

■本体2427円

医療を変えるのは誰か？　―医師たちの選択―　**高瀬義昌編著**

30―40代の医師たち６人が、これまで医療の現場で経験したことや、日常の中で今感じていること、医療に携わる者としてのこだわりなどについて語る。そこには、様々な葛藤や挫折を乗り越えて、ひとりの人間として成長していく過程が率直に描かれている。四六判上製・352頁

■本体2200円

山に生かされた日々　―新潟県朝日村奥三面の生活誌―　**刊行委員会編**

民俗の宝庫といわれた集落・三面があとかたもなくダムの湖底に沈む。そこに生きた人々の生活を克明に記録する（発行＝民族文化映像研究所)。Ａ４判上製箱入・240頁

■本体11650円

野にありて　目　耳をすます　―姫田忠義対談集Ⅰ―　**民族文化映像研究所編**

日本列島で営々と続けられてきた人びとの暮らしの根幹を記録した映像が喚起するものの豊かさと多様性を巡って観る側と撮り続ける側の声が響き合う。網野善彦、清水眞砂子、佐藤忠男、高田宏、川田順三、原ひろこ、Ｃ・Ｗ・ニコル他。Ａ５判並製・320頁 ■本体2718円

野にありて　目　耳をすます　―姫田忠義対談集Ⅱ―　**民族文化映像研究所編**

対談者＝村上兵衛、佐々木高明、本多勝一、Ｃ・Ｄ・ラミス、桜井徳太郎、網野善彦、赤坂憲雄、内山節、吉良竜夫、飯沼二郎、岩田慶治、川合健二、野添憲治、桃山晴衣、川添登。Ａ５判並製・312頁

■本体2718円

茅葺きの民俗学　―生活技術としての民家―　**安藤邦廣**

現存する茅葺きの家々を訪ね、その実態調査を基に茅葺きの構造とそれを支えた共同体を考察する。茅の確保から葺き替えまでを豊富な図版と共に解説。四六判上製・216頁・写真図版90

■本体2000円

日本人と魚　―魚食と撈りの歴史―　**長崎福三**

近年まで米と魚を存分に食べることを悲願としてきた民族でもあった日本人は、その食文化を、地方色豊かに形成し、維持してきた。米の輸入自由化、漁業の国際的規制問題の中で、日本人の食文化再考のヒントを提供する。四六判上製・264頁

■本体1942円

おんな猿まわしの記　―猿まわし・その消滅と復活を生きて―　**重岡フジ子／田口洋美**

700年の伝統を持つ猿まわし芸は、一度消滅した。この民俗芸の秘密を知っている最後の一人、重岡フジ子を核に再び猿まわしは復活する。芸と猿と、極道の夫への深い愛情をめぐる波瀾万丈の人生を描く。四六判上製・256頁

■本体1796円

殺されたもののゆくえ　―わたしの民俗学ノート―　**鶴見和子**

日本が生んだ民俗学の巨人、柳田国男、南方熊楠、折口信夫たちが明らかにしようとしたものは何か？ かれらの仕事に学びつつ、追われた者、小さき人々の歴史と運命を見据え生きる知恵を探る。四六判上製・192頁

■本体1700円

女書生　鶴見和子

著者の戦後の新しい出発以来50年におよぶ学問の展開と深化が本書により一望される。社会学と民俗学を中心に、移民研究、生活記録運動、内発的発展論、アニミズム論、あわせて先達、友人、家族等の思い出が語られる。四六判上製・488頁　■本体3000円

ブナの森とイヌワシの空　―会津・博士山の自然誌―　博士山ブナ林を守る会

地勢的条件、生態的現実をどのように把握して、人びとは地域の暮らしを立ててきたか。さらに自然の何を守り、育てて21世紀に向かうべきか。本書は地域に根ざした生活者による、開かれた地域研究のひとつの大きな成果である。Ａ５判並製・320頁　■本体2427円

イヌワシ保護 一千日の記録　―猛禽類保護実践と奥只見発電所増設事件―　菅家博昭

突如はじまった奥只見発電所の増設工事と、そこのイヌワシの繁殖中断に疑問を抱いた著者は、どのようにその事件の真相に迫っていったか、著者のフィールドノートから次々と明らかにされる。環境保全の必読文献。Ａ５判並製・528頁　■本体3000円

アフリカは立ちあがれるか　―西アフリカ自然・人間・生活探訪―　杉山幸丸

21世紀の世界平和はアフリカの自立なしにはありえない。難問が山積みされるアフリカをフィールドに、チンパンジーの生態調査を多年にわたり続けてきた霊長類学者の全身で体験し、考えた現代アフリカ論。四六判上製・248頁　■本体2233円

東洋の呼び声　―拡がるサルボダヤ運動―　Ａ.Ｔ.アリヤラトネ

新しいアジアの“豊かに生きるため”の理念とは何か。それは大規模な開発による従来の国家主導型から、農村社会を軸とした小さな社会変革へと視点を移し、あらためて人間の普遍的価値に目覚めていくことである。四六判上製・280頁・写真８　■本体1942円

地吹雪ツアー熱闘記　―太宰の里で真冬の町おこしに賭ける男―　鳴海勇蔵

青森県津軽地方の冬のやっかいもの地吹雪を全国に知れわたる観光ビジネスに仕立て上げた男はどんな考えで、どのようにしてこの地吹雪体験ツアーに取り組んだのか。地域資源を生かした地域活性化の極意がこの一冊にある。四六判上製・208頁　■本体1500円

熊野ＴＯＤＡＹ　編集代表 疋田眞臣／編集 南紀州新聞社

いま〝いやしの空間〟としての中世からの熊野が注目を集めている。外からの視線による熊野と内なる熊野の分裂を、地元の人々によって融合する初めての試み。人や自然や文化を地域からの情報発信として浮き彫りにする。四六判上製・392頁・口絵８頁　■本体2200円

ビデオジャーナリズム入門　―8ミリビデオがメディアをかえる―　**野中章弘／横浜市海外交流協会共編**
ニュースからドキュメンタリーまで、小型のビデオカメラをもった“ビデオジャーナリスト”たちの活躍を伝えると同時に、いわゆる「市民ビデオ」の可能性にも焦点をあてる。市民によるドキュメンタリー制作の方法と、その作品を紹介。Ａ５判並製・328頁　■本体1942円

メガネの事典　―あるいはメガネの文化誌―　**アストリッド・ヴィトルズ著／野崎三郎訳**
なぜメガネは13世紀末を待たなければ出現しなかったのか。本書は私たちにとって身近なこのオブジェの歴史および象徴的意味合いについて、考えるヒントを与えてくれる。メガネ誕生にまつわる秘密から、最近の医学的事柄まで、53の項目で読み解く、メガネの文化誌。四六判上製・328頁　■本体2300円

画文集　合掌童子の世界　**佐久間顕一**
祈りを捧げる童子の姿。温かく、清らかで、けがれない純真無垢な心のまま、ほとけの意志のままに生れた「合掌童子」。その無限の“祈り”と“美”の世界へ。四六判上製・88頁・絵46・写真４　■本体1165円

合掌童子50話　―佐久間顕一随筆集―　**佐久間顕一**
1972年から20年以上にわたり、〝友の会〟の会員向けに出された通信より珠玉のエッセーを精選。芸術に関する話題や宗教的体験、自らの人生を省みつつ語る様々な善き人々との「出会い」と「別れ」など、合掌童子の絵に込められた思いを50の話に託す。四六判上製・344頁　■本体1700円

画集 URBAN GRAFFITI　―病める心の都市風景―　**澤柳義晴**
“死ぬ”こともできない、さりとて“生きる”こともできない……30数年来、精神的な病に苦しみながら、都市に生き、棲まう者としての実感を、建築家あるいは画家としての独自の視点で描く。地球の表面に描かれた「落書き（グラフィティ）」のような存在である都市の行方は？　Ａ４判並製・128頁・オールカラー（絵画作品86点／写真21点）　■本体3000円

前衛歌人と呼ばれるまで　――歌人の回想（メモワール）―　**岡井　隆**
前衛歌人がなんであるのか、写実派の手法とはなんであるのか、戦後史の現実を知らない若い人たちのことを思って、時代的な背景についても、調べたり、記憶の底をはたいたりして、書いた。『短歌往来』連続20回分を収録。ながらみ書房刊。四六判上製・212頁■本体2136円

前衛短歌運動の渦中で　**岡井　隆**
本書は、『一歌人の回想（メモワール）』の第二巻にあたり、前著『前衛歌人と呼ばれるまで』に続いて「前衛短歌運動」と呼ばれる時期をあつかつている。今の歌界を眺めながら書き、自分自身の現在の作品や評論や研究のあり方と関係づけながら書くことになった。……（「あとがき」より）／ながらみ書房刊。四六判上製・232頁　■本体2300円